重大工程安全风险管理丛书　李启明　主编

设计导致的地铁工程全生命期安全风险评估研究

夏侯遐迩　李启明　袁竞峰　陆　莹　汤育春　著

东南大学出版社
SOUTHEAST UNIVERSITY PRESS
·南京·

内容提要

地铁的建设与运维安全对城市的经济发展、社会稳定等具有重大的意义。传统的安全风险管理方式往往聚焦于地铁的建设或运维阶段，尽管取得了丰硕的成果，却也面临着突出的瓶颈。设计阶段在基础设施全生命期中发挥着龙头作用，在设计阶段开展面向安全的设计(Design for Safety，DFS)对降低全生命期安全风险具有积极的作用。本书以基础设施(地铁)设计阶段为切入点，系统解析DFS内涵与机理，结合对施工、运维安全风险事故的研究，识别并分析设计方案中潜在的导致全生命周期安全事故的风险要素，构建了DFS知识库并运用智能信息技术开展设计安全风险的智能化评估，为设计阶段开展DFS以及全生命期安全风险管理提供重要参考。

本书适合基础设施设计、施工、运维等单位的管理人员和技术人员参考，也可以供从事基础设施安全研究的科研人员及相关专业的教师、研究生和高年级本科生阅读。

图书在版编目(CIP)数据

设计导致的地铁工程全生命期安全风险评估研究/夏侯遐迩等著. — 南京：东南大学出版社，2021.11
(重大工程安全风险管理丛书/李启明主编)
ISBN 978-7-5641-9753-7

Ⅰ. ①设… Ⅱ. ①夏… Ⅲ. ①地下铁道－铁路工程－安全管理－风险管理－研究　Ⅳ. ①U231

中国版本图书馆 CIP 数据核字(2021)第 214817 号

责任编辑：丁　丁　　责任校对：咸玉芳　　封面设计：王　玥　　责任印制：周荣虎

设计导致的地铁工程全生命期安全风险评估研究
Sheji Daozhi De Ditie Gongcheng Quan Shengmingqi Anquan Fengxian Pinggu Yanjiu

著　　者	夏侯遐迩　李启明　袁竞峰　陆　莹　汤育春	
出版发行	东南大学出版社	
社　　址	南京市四牌楼 2 号(邮编：210096　电话：025-83793330)	
经　　销	全国各地新华书店	
印　　刷	江苏凤凰数码印务有限公司	
开　　本	787mm×1092mm　1/16	
印　　张	8.25	
字　　数	201 千字	
版　　次	2021 年 11 月第 1 版	
印　　次	2021 年 11 月第 1 次印刷	
书　　号	ISBN 978-7-5641-9753-7	
定　　价	68.00 元	

本社图书若有印装质量问题，请直接与营销部联系，电话：025-83791830。

总　序

　　建筑业是我国国民经济的重要支柱产业和富民安民的基础产业。与其他安全风险较高的行业（例如航空业、石化工业、医疗行业等）相比，建筑工程事故的规模相对较小，但其发生频率相对较高，危险源类型具有多样性。工程安全一直是项目管理人员和相关研究人员关注的重点。虽然建筑工程事故率的不断下降表明工程安全管理水平正在逐步提升，但是频繁发生的工程伤亡事故说明工程安全问题尚未从根本上得到解决，与"零事故"(Zero Accident)或者"零伤害"(Zero Harm)的终极目标相去甚远。相关研究结果表明，建筑工程现场的工作人员受伤或者死亡的概率要远远大于其他行业。从事建筑工程的劳动力约占总数的7%，但是其伤亡事故却占了总数的30%～40%。高事故率是全球建筑工程面临的普遍问题，建筑工程人员工作的危险系数相对较高，其工作环境相对恶劣。研究发现，如今愿意从事建筑工程生产的年轻人越来越少，重要原因可以归结为建筑行业糟糕的工作环境和相对较高的事故率使得年轻人对此行业望而却步。目前，建筑行业的老龄化现象愈发严重，作为劳动密集型的建筑行业，如果老龄化趋势继续延续，整个建筑产业的萎缩将是必然的。因此，为了能够使建筑业持续稳定发展，改善其工作环境、提高工程安全管理绩效显得十分重要，这样才能吸引年轻人返回这个古老的行业，给建筑行业不断注入新的活力。

　　与传统建筑工程相比，重大工程(Mega Projects)往往具有投资额度大、技术复杂度高、利益相关者多、全生命周期长等特征。随着重大工程的建设规模越来越大、建设内容越来越多，技术（前期策划、设计、施工、运行）难度越来越高，影响面也越来越广，既包括质量、成本、进度、组织、安全、信息、环境、风险、沟通等内容，也涉及政治、经济、社会、历史、文化、军事等多个层面。近三十年，各种类型的重大工程如雨后春笋般，在世界各地持续开展，例如中国的三峡大坝工程、日本的福岛核电站灾害处理项目、阿联酋的马斯达尔城项目、尼加拉瓜的大运河工程、美国的肯珀电站项目等。保守估计，目前全球重大工程市场的年均生产总值大约为6万亿～9万亿美元，约占全球GDP的8%。重大工程的持续发展，不断突破工程极限、技术极限和人类操控极限，增加了其安全管理与安全实施的难度，重大工程的安全问题显得尤为突出。1986年4月乌克兰切尔诺贝利核电厂第四号反应堆发生的大爆炸、2008年11月中国杭州地铁1号线土石方坍塌事故、2011年7月中国甬温线动车追尾事故等一系列重大安全事故，给国家、企业和人民造成了巨大损失，给重大工程发展抹上了阴影。因此，研究如何保证重大工程安全，杜绝重大工程安全事故发生，具有非常重要的理论价值和现实意义。

　　与一般工程相比，重大工程安全管理对安全管理的理论与方法提出了新的挑战，原有的理论与方法已经难以满足环境和系统复杂性带来的新问题对重大工程安全管理新理论与新方法的渴求,对传统的工程安全管理理论和方法进行反思和创新势在必行。本丛书总结了东南大学研究团队多年的研究成果,基于重大工程全生命周期的维度,从计划、设计、施工、运营、维护等方面对重大工程安全管理进行全面阐释。研究重点从传统的施工阶段拓展到包括设计、运营的全生命周期阶段的安全风险管理;从传统安全风险管理内容深化到安全风险的预测和预警;从一般风险事件聚焦到国际重大工程的政治风险、重大工程的社会风险、PPP项目残值风险等特定风险。本丛书作者来自东南大学、南京航空航天大学、中国矿业大学、河海大学、北京科技大学等单位。作者李启明教授、邓小鹏副教授、吴伟巍副教授、陆莹副教授、周志鹏博士、王志如博士、邓勇亮博士、万欣博士,以及季闯博士、贾若愚博士、宋亮亮博士、夏侯遐迩博士等长期从事重大工程安全管理的研究工作。由于本丛书涉及重大工程安全管理的多个方面,限于作者们的水平和经验,书中不妥之处在所难免,欢迎读者批评指正。

李启明
2016 年 10 月 9 日

前　言

　　地铁作为一种便捷、经济、绿色、高效的公共交通工具,在各大城市的交通体系发展战略中占有重要的地位。发展地铁已经成为优化城市布局、降低环境污染、缓解交通拥堵等城市病的重要手段。然而,地铁是一个极其复杂的巨系统,其构成的子系统多、系统间相互关联关系复杂,给地铁工程的建设与运营安全管理带来了极大的挑战。地铁建设阶段、运营阶段安全事故频频见诸报端,给国民经济发展、人民生命财产造成了巨大的损失。为了降低地铁工程生命期安全风险,现有研究主要在建设阶段、运营阶段分别开展了安全管理工作。然而,传统分阶段的安全管理模式忽略了地铁生命期各个阶段之间的影响,尤其是忽略了设计作为龙头对建设、运营阶段的影响。因此,本书基于生命期安全管理的视角,对设计导致的地铁工程生命期安全风险进行研究,探索在设计阶段开展面向安全的设计(Design for Safety,DFS)对降低生命期安全风险的影响。本书通过理论研究和实证分析,构建了设计导致的地铁工程生命期安全风险的识别与评估方法,为设计阶段开展 DFS 提供了依据。

　　(1) 在查阅和综述国内外现有相关文献和分析大量地铁生命期安全事故案例的基础上,本书研究了地铁工程设计阶段开展安全风险管理的现状、存在的不足,界定了研究对象,定义了 DFS 理论的概念和内涵。同时,书中对地铁工程历史案例以及地铁物理系统网络进行了分析,证明设计阶段对生命期安全风险有重大影响,并揭示了设计导致的地铁工程全生命期安全风险机理。案例研究表明,生命期安全事故案例中 53.4% 的事故是由于设计阶段缺乏对生命期安全的考虑而导致的。其中设计导致施工阶段的安全事故占施工阶段案例总数的 36.1%,对运营阶段安全风险影响占运营阶段安全事故总数的 69.9%。

　　(2) 通过对地铁设计方案和设计过程的研究,本书对地铁设计方案进行解构,识别出构成地铁设计方案的要素。同时,分析了当前设计阶段安全管理的现状,对涉及的设计安全知识如法律法规,设计标准、规范以及安全事故案例等显性与隐性的安全知识进行梳理,挖掘开展设计安全管理工作的依据、方法和措施。利用本体理论构建了设计方案 DFS 本体,实现了设计安全知识统一、系统的表示。最后,本书简要介绍了 DFS 知识库的构建方法和搜集、分析、存储、查询等基本功能。

　　(3) 提出了集成 BIM 与 DFS 知识库的设计导致生命期安全风险的智能识别方法。本书对设计方案的研究,采用 BIM 软件 Revit 的二次开发技术,将设计方案中影响生命期安全风险的信息按照构建的 DFS 本体结构集成到构建的 BIM 模型中。通过将 BIM 软件导出的设计信息与设计安全知识库中的安全知识进行智能匹配,实现设计方案中安全风险的智能识别。

　　(4) 构建了基于模糊认知图(Fuzzy Cognitive Map,FCM)的地铁工程设计方案安全风险评估模型。书中介绍了 FCM 方法的概念和发展历程、FCM 的数学模型、模型构建方法、推理机制。总结出 FCM 方法应用在地铁工程设计方案安全风险评估中具有直观性、叠加性、拓展性、反馈性等优点。根据设计导致生命期安全风险的机理，通过研究构建了基于聚合 FCM 的地铁工程设计方案安全风险评估模型，确定了模型概念节点和节点间因果强度关系，并确定了概念节点与节点间因果强度关系的初始值的确定方法。最后，为了提高模型的客观性和稳定性，利用非线性 Hebbian 学习模型（Nonelinear Hebbian Learning，NHL）方法对 FCM 评估模型进行修正。

（5）本书在实际写作中选取南京地铁某工程盾构始发设计方案作为案例研究对象，对研究过程中提出的理论方法进行了案例研究。通过对该案例设计方案的梳理，进一步证实了设计工作对生命期安全风险的影响，并采用 BIM 和 DFS 安全知识库技术识别出盾构始发设计方案中两处安全风险较高的设计因素，分别为盾构始发反力架抗扭能力不足以及盾构吊装过程中起重机臂半径内高处坠物的安全风险。根据构建的 FCM 评估模型，邀请专家对该盾构始发设计方案进行评价。利用模糊集理论对专家打分进行处理后得到符合 FCM 评估模型的初始数值，最终运用 NHL 方法对评估模型进行了修正并得到评估结果。结果显示，设计方案中与人员配置、施工工法、施工机械、临时措施相关的设计对生命期安全风险影响最高，而该案例中施工材料、永久设备、现场环境以及结构形式对生命期安全风险的影响较小。本书的最后给出了 DFS 应用指导要点。

本书在撰写过程中得到了南京地铁、中国铁建十九局宁溧线土建工程 03 标项目经理部、中铁上海设计院集团有限公司的各位领导和专家的大力支持，提供了翔实的实证资料。同时，也感谢在专家访谈和问卷调研中提供支持的各位专家。

本书的研究和出版得到了国家自然科学基金委项目(51578144)、教育部人文社会科学基金项目(20YJCZH182)、江苏高校品牌专业（工程管理）建设工程等专项资金资助。在此一并表示感谢。同时，由于作者个人能力和学术水平的局限、DFS 理论和实践的不断演化，本书中可能存在一些错误与不足，恳请读者批评指正。

作者

2021 年春

目 录

1 绪论 1
1.1 研究背景和研究意义 1
1.1.1 研究背景 1
1.1.2 研究意义 3
1.2 文献综述及现有研究的不足 3
1.2.1 国内外 DFS 研究综述 3
1.2.2 工程安全风险相关研究 7
1.2.3 知识管理在安全风险管理中的应用 8
1.2.4 现有研究的不足 9
1.3 研究内容和框架 9
1.3.1 选题来源 9
1.3.2 研究对象界定 9
1.3.3 研究内容与目标 10
1.3.4 技术路线 12
1.4 本章小结 12

2 基础理论与研究方法 13
2.1 DFS 理论的基础 13
2.1.1 传统的安全风险管理理论 13
2.1.2 系统视角的安全理论 14
2.1.3 安全风险管理理论对 DFS 理论的支撑 15
2.2 安全风险识别的主要方法 15
2.2.1 传统的安全风险识别方法 15
2.2.2 安全风险识别智能方法 16
2.3 安全风险评估方法 17
2.3.1 风险矩阵法 17
2.3.2 层次分析法 17
2.3.3 网络层次分析法 18
2.3.4 模糊综合评估法 18
2.3.5 风险评估方法在设计方案安全风险评估中的应用 18
2.4 基于本体理论的知识管理 19

2.4.1 知识管理理论 19
2.4.2 本体理论 19
2.5 本章小结 20

3 地铁工程设计安全合规性要求及设计导致生命期安全事故分析 21
3.1 地铁设计系统构成 21
3.1.1 地铁系统的构成 21
3.1.2 地铁各设计阶段的主要内容 21
3.2 地铁各设计阶段的安全管理主要内容 22
3.2.1 总体设计阶段 22
3.2.2 初步设计阶段 23
3.2.3 施工图设计阶段 23
3.2.4 施工组织设计阶段 23
3.3 现有法律法规及标准规范对设计安全性要求 25
3.3.1 现有法律法规对设计安全要求 26
3.3.2 现有标准规范对设计安全要求 26
3.4 设计导致的地铁工程安全事故数据库 26
3.4.1 事故案例搜集 27
3.4.2 设计导致的地铁事故分类模型 28
3.4.3 设计导致的地铁事故数据库(SDID) 31
3.5 设计导致的地铁工程生命期安全事故特征 31
3.5.1 设计导致的安全事故分布特征 31
3.5.2 基于复杂网络理论的地铁物理系统安全拓扑特性分析 33
3.6 设计导致生命期安全风险的机理 39
3.7 本章小结 39

4 基于本体的地铁工程 DFS 知识库构建 41
4.1 地铁工程 DFS 安全风险本体构建 41
4.1.1 安全知识的表示 41
4.1.2 本体构建的准则、方法和建模工具 41
4.1.3 Protégé 和 SWRL 的特点 42
4.1.4 DFS 本体构建 42
4.1.5 DFS 本体在 Protégé 中的实现 44
4.2 地铁工程 DFS 知识库构建 47
4.2.1 地铁工程 DFS 知识库框架 47
4.2.2 基于 RBR 与 CBR 的 DFS 规则推理 48
4.3 地铁工程 DFS 知识库在 SQL Server 中的实现 50

4.3.1　SQL Server 平台和 SQL Server 2012 的特征 ················· 50
　　4.3.2　基于 SQL Server 2012 的 DFS 知识库构建 ················· 50
　　4.3.3　DFS 知识库在 SQL Server 2012 中的实现 ················· 52
　4.4　本章小结 ··· 53

5　集成 BIM 与 DFS 知识库的地铁工程设计方案安全风险识别 ··········· 54
　5.1　基于 BIM 的安全风险识别 ····································· 54
　　5.1.1　安全风险识别的原则 ··································· 54
　　5.1.2　基于 BIM 的安全风险识别框架 ··························· 55
　5.2　基于 Revit 的 BIM 技术二次开发 ······························· 55
　　5.2.1　BIM 的介绍 ··· 55
　　5.2.2　基于 Revit 的 BIM 二次开发 ····························· 56
　　5.2.3　基于 Revit 的 BIM 软件开发环境配置 ····················· 56
　5.3　集成生命期信息的地铁工程 BIM 设计方案信息的获取 ············· 57
　　5.3.1　地铁工程生命期相关信息 ······························· 57
　　5.3.2　集成生命期信息的地铁工程设计方案 BIM 模型构建 ········· 58
　　5.3.3　Revit 数据结构 ·· 59
　　5.3.4　基于 BIM 模型的地铁工程设计方案信息获取 ··············· 61
　5.4　集成 BIM 与 DFS 知识库的安全风险识别 ······················· 61
　5.5　本章小结 ··· 62

6　基于 FCM 的地铁工程设计方案安全风险评估 ····················· 63
　6.1　模糊认知图理论及构建方法 ··································· 63
　　6.1.1　模糊认知图理论的概念与发展 ··························· 63
　　6.1.2　模糊认知图数学模型与构建方法 ························· 64
　　6.1.3　模糊认知图的推理机制 ································· 65
　　6.1.4　常见复杂结构的模糊认知图 ····························· 65
　　6.1.5　FCM 应用在地铁设计方案安全风险评估中的优势 ··········· 65
　6.2　基于聚合 FCM 的地铁工程设计方案安全风险评估模型 ············ 66
　　6.2.1　FCM 评估模型中概念节点的确定 ························· 66
　　6.2.2　FCM 模型中概念节点间因果关系的确定 ··················· 67
　6.3　安全风险 FCM 评估模型初始值的确定方法 ······················ 70
　　6.3.1　概念节点初始值的确定方法 ····························· 70
　　6.3.2　因果关系强度大小的确定方法 ··························· 73
　　6.3.3　基于 NHL 改进的设计方案安全风险 FCM 评估模型 ········· 73
　6.4　本章小结 ··· 75

7 某区间工程盾构始发设计方案安全风险评估 76
7.1 案例背景 76
7.1.1 工程概况 76
7.1.2 水文地质条件 76
7.1.3 工程周边环境 78
7.2 盾构始发设计方案 79
7.2.1 设计范围、依据和原则 79
7.2.2 盾构始发井结构设计方案 79
7.2.3 盾构始发井施工组织设计方案 81
7.2.4 盾构始发设计方案的 DFS 本体 87
7.3 盾构始发设计方案安全风险识别 89
7.3.1 盾构始发设计方案的 BIM 模型构建 89
7.3.2 盾构始发设计方案信息提取 90
7.3.3 盾构始发设计方案安全风险识别结果分析 91
7.4 盾构始发设计方案安全风险评估 92
7.4.1 盾构始发设计方案 FCM 模型 92
7.4.2 模型初始值确定 92
7.4.3 基于 NHL 学习规则的盾构始发设计方案安全风险动态评估 94
7.5 DFS 应用指导要点 96
7.6 本章小结 97

8 结论与展望 98
8.1 主要研究工作与结论 98
8.1.1 DFS 理论发展的研究 98
8.1.2 构建了设计安全知识系统化表示框架 99
8.1.3 建立集成 BIM 和安全知识库的设计方案安全风险识别方法 99
8.1.4 构建了基于 FCM 的地铁工程设计方案安全风险评估模型 100
8.2 创新点 100
8.3 研究不足及展望 101

附录一 案例工程地质层分布与特征表 102

附录二 FCM 评估模型 Matlab 代码 105

参考文献 107

1 绪 论

1.1 研究背景和研究意义

1.1.1 研究背景

随着城市规模的不断扩大,人们对交通出行的要求越来越高,地铁作为一种便捷、经济、绿色、高效的交通运输方式,已成为解决城市交通问题的重要手段之一。自1863年世界第一条地铁线路在英国伦敦投入运营后,全球各大城市相继开展了地铁工程的规划和建设工作。20世纪以来,大批投入运营的地铁线路在城市的发展中发挥着重要的作用,已经成为城市中最重要的生命线工程之一[1]。我国地铁建设起步较晚,改革开放以后地铁建设才得到积极推进。进入新千年后,伴随着我国城镇化的高速发展,我国地铁建设速度得到进一步提升,一大批地铁线路投入运营。据不完全统计,截至2020年末,我国已有超6 280 km的地铁线路投入运营。"十三五"期间,我国年均新增运营线路长度超800 km,已经建成并开通运营地铁的城市共45个(以下数据如无特殊说明,均不含港澳台),上海以676 km运营总里程占据首位(据城市轨道交通协会数据整理)[2]。截至2020年底,我国有57座城市在建地铁线路总规模6 797.5 km,我国地铁建设已经从建设期向建设运营期转变(据城市轨道交通协会数据整理)。其中,南京是全国第6个建成地铁并投入运营的城市,也是城市轨道交通唯一曾经盈利的城市。截至2020年12月,南京地铁有10条线路、174座车站,线路总长377.6 km,地铁线路长度居全国第四(仅次于北京、上海、广州),日均客流量超过310万人次。2019年3月8日南京地铁客流量达408.54万人次,刷新了之前的最高单日客运量。然而,在地铁项目快速发展的同时,生命期内各类安全事故屡见不鲜,如2008年杭州地铁湘湖站施工过程中发生安全事故,事故导致17人死亡、4人失踪[3]。2011年上海地铁10号线列车追尾事故造成数百名乘客受伤,地铁网络大面积延迟[4],各类安全事故不仅造成了大量的人员伤亡和经济损失,也给地铁的发展蒙上了一层阴影。如何既能保证地铁建设速度和运营质量,又能降低地铁工程生命期安全风险,保障地铁工程生命期安全可靠和服务品质,受到了越来越多的关注。

针对地铁项目在施工阶段、运营阶段安全事故频发的现状,国内外学者开展了大量的研究,并取得了积极的实践应用成效,在一定程度上降低了地铁工程生命期的安全风险。然而受到当前建设工程合同承发包模式的限制,工程项目生命期被人为地分割为设计阶段、施工阶段、运营阶段等多个阶段,导致现有安全管理研究和对应的安全管理措施主要集中在地铁项目施工和运营阶段,如我国分别出台了《地铁工程施工安全评价标准》(GB 50715—2011)、《地铁运营安全评价标准》(GB/T 50438—2007)、《地铁与轻轨系统运营管理规范》

(CJJ/T 170—2011)等,各个安全标准在地铁工程安全管理过程中的视角和出发点也聚焦于各自阶段存在的安全风险,从而导致各阶段之间割裂,对于安全风险的预控性不足,且其中的安全评估主观性较强,可操作性较差[5]。此外,由于主管职能部门业务调整,部分安全评估标准如涉及地铁运营安全评估的标准(GB/T 50438-2007、CJJ/T 170—2011)已于2017年8月1日被住房与城乡建设部废止。因此,当前在地铁工程生命期安全风险管理中亟须打破生命期各阶段之间的藩篱,从系统的角度考虑生命期安全风险管理工作。

从工程安全理念的发展来看,安全管理从最初的"宿命论",到事后"亡羊补牢",再到"安全预防",安全防控的指导思想经历了从被动到主动、从承受到预防的历程。目前,安全预防工作正从着重于经验的"局部预防",逐渐向基于系统科学的"全面预防"推进。安全风险预防的阶段不断向前延伸,从"事前预防"朝着"超前预防"的趋势发展。我国目前的地铁项目建设中安全风险管控措施主要集中于施工阶段和运营阶段,分别由施工承包商和运营方在各自所处的阶段,依据相关的法律、法规和规范等进行防范,这种传统的做法已经无法适应系统安全管理的要求。图1-1为Szymberski在1997年给出的时间/安全性影响曲线[6],曲线显示在项目早期如设计阶段对生命期安全风险影响程度较高,因此在设计阶段介入项目的安全管理工作可以有效地降低项目的安全风险,尤其是降低生命期后端安全风险,提升施工和运营阶段应对安全风险的能力。同时,根据控制的层级(如图1-2所示),相较于施工现场的技术措施、管理措施以及佩戴个人防护装备,在设计阶段考虑安全问题进而消除安全风险或者选择风险更低的施工方法和材料等是生命期安全管理中最为有效的安全管理措施[7]。当前,我国城市地铁工程安全风险管理模式正在从传统分段式管理模式向全生命期管理模式转变。设计阶段作为全生命期的早期阶段,在提升项目生命期安全风险管理水平中的潜力得到了越来越多的重视[8]。

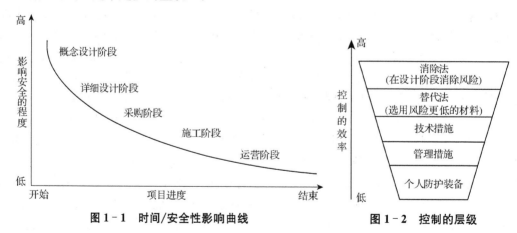

图1-1 时间/安全性影响曲线　　图1-2 控制的层级

地铁工程安全设计(Design for Safety,DFS)是指在地铁设计中考虑施工人员、运行和维护人员以及项目最终使用者的健康和安全(如预防洞体出现坍塌、施工不便带来的摔落、施工过程中的烟气污染等;考虑地铁运行安全、工作人员的安全与健康,预防车辆碰撞、触电、信号中断、操作失误等;考虑地铁乘客健康和安全,预防出现过于拥挤、坠落轨道、毒气、恐怖袭击等),通过规范和改进地铁设计方案来消除或降低危险源导致的伤害,从而达到减少安全事故发生的目的。国际劳工组织指出,约60%的工程事故与设计有关[9]。一项针对地铁工程安全事故的研究表明,36.1%的施工阶段安全事故和69.9%的运营阶段安全事故都与地铁设计工作有关[10]。因此,加强 DFS 在地铁工程中的应用能够防范施工和运营阶段的安全风险,从而提高地铁工程应对安全风险的能力,具有未雨绸缪的功效。

1.1.2 研究意义

从实践层面来看,虽然我国已经颁布的法律法规中对设计方案的安全风险管理做出了规定,设计人员在开展设计工作时需要严格执行这些规范来达到"安全设计"的目的。尽管如此,仍然有相当大一部分的安全事故来源于不当的设计[11]。这些安全风险的产生并最终导致安全事故发生主要源于以下几个问题:(1) 现行《地铁设计规范》(GB 50157—2013)所考虑到的范围远远不能包含地铁项目在施工、运营阶段所出现的各类安全问题(如施工过程中工作人员与第三方的安全、正常运营过程中工作人员与乘客的安全、突发事件下大客流的公共安全等)。(2) 针对地铁施工和运营阶段的安全风险,我国分别出台过相关的安全标准规范,然而各个标准规范所考虑的主要是各自阶段的安全管理与应急管理问题,与设计工作割裂,缺乏对安全风险的预控,且其中的安全评估主观性较强,可操作性较差。与此同时,现行《地铁设计规范》(GB 50157—2013)中缺乏对降低地铁工程生命期安全风险的具体要求。本书将在历史案例和专家经验的基础上构建基于本体论的设计导致的地铁工程 DFS 知识库,通过对设计安全知识的动态化、智能化、可视化的存储、利用和推理,帮助设计师识别设计阶段安全风险,并进行科学的风险评估,为实现地铁工程设计方案的优化以及智能化预控奠定基础,并最终实现地铁工程安全绩效的显著提升。因而,本书具有重要的实际应用价值。

从理论层面来看,传统的地铁安全风险研究分别针对地铁工程建设阶段和运营阶段的安全风险进行识别、构建评估指标体系,最终提出控制风险的方案。然而传统研究偏重于对工程现状的监测和控制,忽视了设计在工程建设和运营中的重要作用。在这种传统安全管理情境下,为了降低安全风险,往往需要对地铁工程施工方案和运营方案进行临时变更,这样就容易导致成本增加以及其他不可控因素的产生。因此,如何将安全风险控制融入地铁工程设计中,以便在设计阶段提高施工方案和运营方案的安全性,成为可深入研究的课题。本书根据 DFS 理论、安全风险理论和系统科学理论,从地铁工程设计入手,深入挖掘已有全生命期安全风险事件与设计方案的内在关联,分析设计导致的地铁工程全生命期安全风险形成机理,梳理现行的法律法规、设计标准规范,结合专家知识,形成综合的安全设计信息系统,对设计导致的地铁工程全生命期安全风险进行评估,从而为控制和降低安全风险的智能化方法、实现安全风险预控提供科学依据,提升地铁工程应对安全风险的能力。因此,本书具有重要的理论价值。

1.2 文献综述及现有研究的不足

1.2.1 国内外 DFS 研究综述

1) DFS 概念及内涵

DFS 作为建筑业安全管理的新理念,在相关的实践和研究中的表述不尽相同。国外文献中类似的表述主要有 DFS[12-13],Prevention through Design(PtD)[14-15],safety in design[16-18],以及 design for construction worker safety(DFCS)[19-22]等。其中 PtD 作为一

项美国国家职业安全与健康研究所(National Institute for Occupational Safety and Health, NIOSH)的预防职业安全健康伤害计划,该计划旨在通过设计工作预防职业伤害、疾病、死亡等危害,涵盖了诸如建筑业、采矿业、农业等 8 个行业[23]。PtD 在建筑业中被具体称为 Construction Hazard Prevention through Design (CHPtD)[14]。美国建筑师协会(The American Institute of Achitects, AIA)将其表述为 safety in design and construction,并将之定义为:一种以全生命周期的视角考虑从拆除已有结构到新建结构的概念形成、设计、施工以及运营各阶段工作场所安全的方法。美国 OSHA 和 Toole 等学者将 PtD、DFCS 具体描述为:(1) 在项目的设计中明确考虑施工人员的安全;(2) 考虑设计方案中的风险对于施工人员的影响;(3) 在可施工性审查过程中加强工人安全的措施。国内对于 DFS 的表述主要有安全设计[24-27]、面向施工安全的设计[28]等,相关的表述及自身的特点也略有不同。DFS 类似表述及其各自特点如表 1-1 所示。

表 1-1 DFS 类似表述及其特点[29]

表述	对象	介入的阶段或方式	影响的阶段
DFS	人员、财产、环境	规划、设计阶段	全生命周期
DFCS	施工人员	设计以及重新设计	含糊不清
PtD	施工人员	选用合适的建造方式、材料和设备等	全生命周期
CHPtD	施工人员	设计阶段	含糊不清
Safety in design	各类伤害	设计及重新设计	全生命周期
安全设计	人员、财产、环境	设计阶段	含糊不清
面向施工安全的设计	施工安全	设计阶段	施工阶段

2) DFS 的实践与工具

20 世纪 90 年代,Gambatese 等学者在美国建筑产业研究院(Construction Industry Institute, CII)的资助下,将积累的安全建议集成到计算机程序中,建成了一个名为"Design for Construction Safety Toolbox"的工具箱,该工具箱将设计和施工阶段联系在一起,帮助设计师在设计阶段识别项目中的具体安全事故,从而达到在设计阶段降低项目安全风险的目的[19]。在后续的研究中,Gambatese、Marini 等学者又分别在工具箱中加入了安全手册和安全指南[20,30]。Akladios 等学者针对危险废弃物治理领域开发了名为"T-expert"的专家系统,"T-expert"利用人工智能技术(Artificial Intelligence, AI),并且利用专家系统中的"What-If"场景分析,为设计师提供如何在设计工作中考虑施工阶段工人的安全和健康的建议,指出设计过程中不安全的参数。2000 年,澳大利亚新南威尔士的一家保险公司开发了一套 CHAIR Safety in Design 的工具,通过系统的、结构化的方法,帮助设计阶段中的各个利益相关者识别和降低安全风险[17]。Hadikusumo 和 Rowlinson 等学者基于虚拟现实技术(Visual Reality, VR)和 Design for Safety Process (DFSP)数据库开发了 DFSP 工具,该工具不仅能够改善设计方案以达到降低建设阶段的安全风险,也能够帮助设计师获取所需的安全知识,进一步提高设计人员面向全生命期的设计能力[31-32]。Sacks 等学者同样利用 VR 技术建立了洞穴自动虚拟环境(Cave Automated Virtual Environment, CAVE),帮助设计人员和施工人员加强沟通,从而提高设计人员开展 DFS 的能力[33]。Chantawit 等学者开发了一项 4DCAD-safety 的工具用来帮助设计人员就何时、何处、如何、为何,以及采用何种安全措施等问题进行分析和处理[34]。Carter 和 Smith 开发了一个名为"Total-Safety"的信息技术工具,用来帮助设计人员提高安全风险识别能力[35]。为了帮助建设方将职业健康安全风险管理植入设计阶段,Cooke 等设计了一套基于网页版本的创新信息决策辅助系统"ToolSHeD™"。该系统采用争议树来进行安全知识推理,该方法克服了基于规则的专家系统的限制[36]。Cameron 等学者利用责任分配表、健康安全风险会议、选择评估表等 8 个集成工具将健康安全管理集成到项目规划的过程中。其他一些工具,如 GIS[37-38]等也被应用于规划设计阶段来帮助降低设计相关的安全风险。

近年来,随着 BIM 及其相关技术的不断发展,BIM 相关工具也在 DFS 中得到了应用[39]。2009 年,芬兰国家技术研究中心(VTT)开展了一项名为"Safety BIM"的研究项目,通过使用 BIM 技术能够有效地将安全管理与工程规划设计、现场布置等结合在一起,同时 BIM 技术能够加强项目之间的沟通,最终提高工程项目的安全绩效。2011 年,Qi 利用 BIM 技术将安全管理集成在设计过程中,通过将前期搜集的安全管理建议整理后形成安全建议软件包,再利用软件包在设计过程中检测施工人员的安全状态。这些工具能够辅助设计师优化设计方案以确保建设阶段的安全风险最小化,同时承包商也能够参与到设计阶段中,通过提供合理的安全建议,实现安全风险的主动控制。针对建筑业中最常见的坠落事故,Qi 等人利用 BIM 和 Solibri 模型检测功能开发了预防高处坠落的 PtD 工具[40]。佐治亚理工学院的研究学者将安全管理与 BIM 集成在一起,基于设定的规则在设计过程中自动检测设计方案中高处坠落的风险[41-42]。在一项最新的研究中,新加坡国立大学的研究学者构建了结构化的 DFS 规则知识库,通过集成 BIM 的安全风险智能审查系统,帮助设计人员识别与设计元素相关联的安全风险,从而开展面向安全的设计[43]。

国内对于 DFS 的研究相对较少,于京秀等学者提出了基于 5 个要素和 3 个管理体系的设计安全管理框架[44]。东南大学袁竞峰等针对地铁工程安全问题建立了 DFS 的知识库,通过知识的搜集、分析、存储和查询实现相应的功能,帮助设计人员提高 DFS 能力[25]。清华大学郭红领等提出了集成 BIM 和安全规则的 DFCS 模型,论证了 BIM 技术平台是实现 DFCS 的有效手段[28]。曾雯琳等基于 Microsoft Visual Studio 平台结合 DFS 的规范和规则对 Autodesk 的 Revit 软件进行了二次开发,实现了对设计的自动化审查,高效识别了施工安全风险[26]。

综上所述,根据 DFS 现有的应用工具实际操作方法,主要可以将其分为:(1)清单审查法,即综合法律法规以及搜集整理的安全建议,形成设计建议或者专家系统,在设计过程中为设计人员提供参照。(2)风险评估法,即针对可能的安全风险开展评估,为设计师提供安全风险的等级提示。(3)虚拟现实法,即利用计算机辅助设计(CAD)技术模拟设计方案,在虚拟情景下检查设计方案中的安全风险。(4)BIM 规则法,即将安全规则转化为 BIM 软件能够识别的计算机语言,自动检查设计过程的安全风险。如表 1-2 所示。

表 1-2 DFS 现有应用工具及其分类

DFS 应用名称	核心技术	分类	针对问题	引用文献
DFCS 工具箱	数据库	清单审查法	通用	[19-20]
T-expert 专家系统	人工智能	清单审查法	通用	[45]

续　表

DFS应用名称	核心技术	分类	针对问题	引用文献
CHAIR	文件审查	清单审查法	通用	[17]
Total-Safety	在线数据库	风险评估法	通用	[35]
ToolSHeD™	人工智能,数据库	风险评估法	高处坠落	[36]
DFSP tool,CAVE	虚拟现实	虚拟现实法	通用	[31-33]
4DCAD-safety	Auto CAD	虚拟现实法	通用	[34]
DFStool	BIM	虚拟现实法	高处坠落	[40,46]
SafetyBIM	BIM	虚拟现实法	施工现场布置	[47]
Rule-checking BIM	BIM	BIM规则法	高处坠落	[41-42,48-49]
Revit 二次开发	BIM, Microsoft VS	BIM规则法	高处坠落	[26]

当前,针对地铁工程安全风险管理中对安全风险事前预防的研究主要有险兆风险识别与管理,以及针对设计方案中的安全问题主要采用设计方案审查等方式[50-51],如丁烈云等学者开发了基于施工图纸的地铁建设安全风险自动识别系统,用于施工前的安全风险识别和评估。现有实践方法过于依赖安全专家知识,并且设计安全风险识别工作需要在设计方案完成之后才能进行,导致大量的设计方案变更并伴随着大量的人力和资源消耗。因此,亟须能够帮助设计人员在设计阶段实践DFS的智能工具。

3) 国内外DFS相关制度

（1）欧洲

DFS的雏形最早起源于英国,1974年英国颁布了《工作健康安全法案》[Work Health and Safety Act(1974)]。作为英国健康安全的基础法案,该法案规定了设计人员在安全管理中的责任,即设计人员应当对所设计的建筑结构的安全负责,并且应当确保设计的结构在正常使用阶段不产生安全风险。之后,欧盟于1992年颁布了《临时与移动施工场所的安全风险控制法案》,要求设计人员需要在设计过程中考虑施工阶段的安全问题。接着英国于1994年出台了相应的《英国(设计管理)建设法》,即 The Construction(Design and Management) Regulation,并于2015年进行了修订,该法案明确强调了设计人员应当避免设计方案中能够预见的安全风险。

（2）澳大利亚

在澳大利亚,由于各州的法律不同,因此各个州的规定也不尽相同。新南威尔士的建设政策指导委员会于2000年提出在设计过程中应当考虑、评估以及控制建设过程中的职业健康安全。此外,昆士兰州和西澳大利亚州在法律中强调了设计人员的责任。例如,1984年西澳大利亚州出台的《职业健康安全法案》中规定设计人员应当对设计方案的安全负责。2008年,西澳大利亚州工作安全局和职业健康安全委员会制定并完善了建筑结构安全设计守则,用以指导设计人员满足安全设计的相关法律法规要求。

（3）美国

1987年4月23日,一处正在建造的住宅项目L'Ambiance Plaza轰然倒塌,事故导致28人死亡。事故原因的调查分析显示,垮塌的原因在于设计人员仅考虑了静态的荷载而忽略了结构系统在施工过程中的动荷载[52]。该事故引发了关于设计阶段的工作对施工安全影响的讨论,形成并提交了参议院草案 2518(Senate Bill 2518)以及众议院草案(House Bill 4856)。虽然最终由于建筑业内部协会之间的分裂与分歧导致法案未能通过[53-54],但从此之后 DFS 开始逐渐得到了重视,部分安全标准开始支持在建筑业中实行 DFS[53]。如美国土木工程师学会在其关于工程安全的第 350 项条款中规定:设计师在开展方案规划设计时应当意识到安全和可施工性的重要性并提供安全施工方案[55]。2007 年,美国 NIOSH 在全美包括建筑业在内的八个行业推行了一项通过设计预防(PtD)计划,旨在通过在设计过程中考虑安全风险从而减少职业安全事故[23]。

（4）新加坡

受英国《工作健康安全法案》的影响,新加坡从 1998 年开始在建设领域推广 DFS。然而在 2008 年之前,新加坡仅将 DFS 作为建筑业安全管理中的一项自愿行为,鼓励设计人员在工作中将施工阶段的安全风险纳入考量。从 2008 年之后,DFS 在新加坡得到了更多的重视,最终新加坡政府在 2015 年 7 月颁布了 DFS 的相关法律法规,该法律法规已从 2016 年 8 月正式开始实施[56-57]。

其他如南非共和国等一些国家也颁布了类似的法律法规及规定。

（5）国内相关制度

我国在《安全生产行业标准(安全评价通则)》中规定,在建设项目可行性研究阶段开展安全预评估,安全预评估主要是根据相关的基础资料,辨识与分析建设项目潜在的危险、有害因素,确定其与安全生产法律法规、标准、规范的符合性,预测发生事故的可能性及其严重程度,提出科学、合理、可行的安全对策措施建议,做出安全评估结论的活动。《安全生产法》等法律法规中明确规定了工程项目的安全设施必须与主体工程同时设计、同时施工、同时投入使用的"三同时"制度。《建筑法》《消防法》《职业病防治法》《建筑工程安全生产管理条例》等规定建筑工程设计应当符合国家规定的建筑安全规程和技术规范、消防技术标准,保证工程的安全性能。设计人员和设计单位应当对建筑设计的质量、安全标准等负责,对采用新结构、新材料、新工艺的建设工程和特殊结构的建设工程,设计单位应当在设计中提出保障施工作业人员安全和预防生产安全事故的措施和建议。国内关于设计阶段安全管理相关制度的详细内容将在第 3 章阐述。

1.2.2　工程安全风险相关研究

当前,在工程安全风险领域的研究主要集中在施工和运维阶段,安全风险管理工作聚焦于风险的致因、识别、评估与管控等。近年来,对安全态度、安全文化及安全气候的研究也逐渐受到关注,并有学者开始关注设计阶段对工程项目全生命期安全风险的影响[58]。

目前,国内外施工阶段的安全风险研究主要关注形成机理、管理方法、信息技术等几个方面:(1)探究安全风险形成机理。人的不完全行为、物的不安全状态、环境的不安全因素和管理不善四个方面是安全风险形成过程中的重要影响因素[59-64]。(2)工程施工安全风险的管理方法研究,主要集中在对安全风险的监测识别、分析评估、预测预警和控制决策四个方向,相关的技术方法主要有事故树、故障树、贝叶斯网络、知识管理、灰色马尔科夫预测方法、灰色理论和 BP 神经网络理论等[65-68]。(3)信息技术在安全风险监控中发挥了越来越重要的作用。自 2008 年以来,越来越多的学者关注信息技术在施工安全管理中的应用。研究主要采用建筑信息模型技术(BIM)、射频识别技术(RFID)、超宽频技术(UWB)、无线网络技术(WN)及其他方法实现施工现场的实时监测,确保施工工人及现场设备的安全。一些新兴技术手段被国内外专家所采纳,如基于FBG感应系统和RFID技术的地铁隧道工程安全风险跟踪与识别、基于多源信息混合数据融合的安全风险评估和预警[69-74]。

在运维阶段,安全风险研究主要关注设施系统的安全与可靠运行、运行者与使用者的安全、突发事件的安全管理等三个方面。(1)设施系统的安全与可靠运行,是指在整个系统运行过程中,促进各系统稳定安全,保障系统功能安全可靠地实现的相关研究。国内外诸多学者从系统可靠性、设备稳定性、复杂系统等角度进行了运行安全可靠性研究,设计安全规划,构建安全评价和脆弱性分析模型等[75-79]。(2)运行者与使用者的安全,主要指在系统运行过程中,保障系统运行者和使用者不受伤害以及设备不遭破坏的相关研究[80]。现有研究多以相关系统运行特征为基础开展研究,包括基于视频交互模型的集成安全计划、基于事故因果链的人员安全评价Petri网模型、人员相关事故的贝叶斯网络分析、基于知识库技术案例推理的人员安全风险因素识别、面向车站管理人员的安全检测系统研发等[81-83]。(3)突发事件的安全管理,主要针对各种突发事件研究地铁系统应急问题,包括火灾安全风险研究、突发事件下的情景仿真等[84-86]。

目前,在工程安全风险的研究中,施工和运营阶段基本分离,未能有效地进行集成,设计阶段对全生命期安全风险的影响受到的关注较少。同时,现有研究更多地从组织、管理、行为、心理、技术等方面提取相关因素开展研究,缺乏从设计的视角对工程的全生命期安全风险进行系统性分析。随着信息技术的发展,工程系统的各项指标和相关信息的收集、处理和分析将更为方便和快速,为传统的安全风险研究和应用提供良好的研究基础。

1.2.3 知识管理在安全风险管理中的应用

由于知识管理在促进行业创新、提高工程项目的绩效水平中发挥着重要作用,近年来有关学者对知识管理在工程建设领域的应用进行了广泛、深入的研究[87-89],相关研究主要集中在工程建设领域中知识的来源与构成[90-92],如何对工程知识进行系统化、结构化的组织[25],如何使用已有的知识[93],以及知识管理在具体工程实践中的应用及工具开发等[94-97]。

在工程安全管理领域,为了高效地使用工程领域的安全知识,Zhou等人构建了安全事故案例库,实现了安全事故中的知识系统的存储[98],Zhang等人也构建了地铁运营安全事故案例库[4],袁竞峰等人构建了地铁设计安全知识库,并对知识库的框架和功能进行了详细的描述[25]。李解将知识管理运用在城市轨道施工阶段,解决了施工阶段知识持续积累、储存与复用的问题[99]。Dong等人采用动态知识图谱对安全知识进行标示,实现了知识在施工前和施工过程两个阶段的无障碍流动[100]。Gambatese将安全专家的建议集成在"设计安全工具箱"中,为设计人员开展安全设计提供知识支持[19]。同时,相关学者利用本体方法对安全知识进行系统化、结构化的组织,实现了工程安全管理知识的高效利用,如Ding[101],Lu[102],Zhang[103]等人将工程安全风险利用本体方法进行表达,实现了对安全风险高效、智能识别。此外,Toh等人还调查了设计人员进行安全设计时需要具备的安全知识[57]。

目前,知识管理在设计阶段安全风险管理中的应用尚未得到充分研究。因此,研究如何获取设计安全管理知识并对设计安全知识进行系统化、结构化的组织,如何提高设计安全知识的使用水平对提高设计安全水平具有重要意义。

1.2.4 现有研究的不足

（1）国内外开展面向安全的设计研究主要集中在设计阶段对施工阶段造成的安全影响，而施工阶段在建设工程项目(尤其是基础设施项目)的生命期中仅仅占到很小的一部分，现有研究缺乏设计对运营阶段安全风险的影响，即设计对工程项目生命期安全风险的影响。

（2）为开展面向安全的设计，现有研究多从历史事故案例、法律法规要求、专家知识等角度建立了专家系统为设计人员提供开展面向安全设计的操作建议，近年来已有部分研究开始意识到DFS知识库的重要性，但是现有研究尚没有将事故案例与法律法规系统地纳入安全管理知识体系中。因此，需要构建结构合理且具备智能推理能力的DFS知识库，以实现对DFS知识的科学有效应用。

（3）国内现阶段对于设计阶段的安全管理主要依赖于对设计文件的安全审查制度。由于设计文件主要以文本和图纸的形式表达设计工作，因此对设计文件的安全风险识别主要为静态的识别，缺乏设计方案对于施工过程以及运营、拆除过程中安全风险影响的动态识别。因此，缺乏基于设计方案的安全风险智能识别方法。

（4）当前对设计导致的地铁工程生命期安全风险评价的研究不足，对设计方案中安全风险的研究主要集中在具体的某一项安全风险，如高处坠落的安全风险等。设计方案导致的地铁工程全生命期安全风险评估理论和方法研究不足。

1.3 研究内容和框架

1.3.1 选题来源

本研究的选题来源于国家自然基金委面上项目"基于DFS的地铁工程全生命期安全风险智能化预控方法研究"(51578144)。同时，该研究也得到了江苏高校品牌专业建设工程(工程管理)专项资金的资助。

1.3.2 研究对象界定

在设计阶段开展DFS对于工程项目全生命期安全风险管理具有重大理论价值和实践意义。本书以地铁为例，开展设计导致的地铁工程全生命期安全风险评估的研究。其中"地铁"是指"在城市中修建的快速、大运量、用电力牵引的轨道交通。列车在全封闭的线路上运行，位于中心城区的线路基本设在地下隧道内，中心城区以外的线路一般设在高架桥或者地面上"[104]；"安全风险"是指地铁生命期发生安全事故的可能性及其损失的组合[64,105]；"全生命期"包括了项目的决策阶段、设计阶段、施工阶段、运维阶段以及最终的拆除阶段，如图1-3所示。由于当前地铁工程生命期安全风险主要发生在施工阶段和运维阶段，且现实中我国地铁工程发展起步较晚，尚未有地铁工程项目进入拆除阶段。因此，本书主要研究设计导致的地铁生命期中的施工阶段和运营阶段发生的安全风险。

尽管国内外在对相关概念的表述上略有差别，但是所传达的理念基本相似，即旨在通过项目的规划、设计或重新设计阶段，针对项目包括施工在内的全生命期安全开展研究，从而降低安全风险、提高项目全生命期的安全绩效。综合国内外学者对DFS相关概念的表

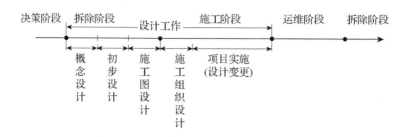

图 1-3 地铁工程生命期划分及设计工作示意图

述[10,11,19,106-107],DFS 的表述能够较好地概括和表达相关概念,因此本书采用 Design For Safety(DFS)的表述并相应地将 DFS 的中文表达为"面向安全的设计"。

当前 DFS 理论主要强调在工程项目实施前介入安全管理工作,并没有明确地定义具体的设计阶段。国内外现有 DFS 的相关研究显示,DFS 的研究主要集中在施工图设计阶段和施工组织设计阶段,然而概念设计和初步设计部分对生命期安全管理仍具有一定程度的影响,同时部分对 DFS 的研究涵盖了设计变更阶段。因此,本书中的"设计工作"不指代特定的某个阶段的设计工作,而是概括了在概念设计、初步设计、施工图设计、施工组织设计、设计变更等阶段进行的设计工作,如图 1-3 所示。同时,现有 DFS 研究中对设计人员的描述并未局限于设计企业中的设计人员,同时也包括了制定施工阶段施工组织设计的工程师(Engineers)等[108]。综上所述,本书的"设计阶段"是泛指完成"设计""设计工作"的阶段;"设计人员"不仅包含了传统的设计企业的设计师,也包括编制施工组织设计的工程师。

1.3.3 研究内容与目标

1) 设计导致的地铁工程全生命期安全风险识别与形成机理分析

(1) DFS 基本理论研究。进一步界定 DFS 内涵及其构成,完善 DFS 基本理论和方法。

(2) 地铁工程设计系统构成及安全合规性要求梳理。对地铁设计工作进行分解,解析地铁设计的不同阶段、地铁设计系统的不同组成、地铁设计的核心内容。梳理现阶段已有法律法规以及设计规范对地铁工程设计安全性的要求。

(3) 设计导致的安全风险影响因素识别。对地铁工程设计、施工、运行等不同环节的参与人员进行调研,分析设计导致的施工安全和运营安全等问题,搜集地铁工程安全事故案例并进行案例分析与解构,在专家调研和案例分析的基础上构建安全风险识别专家系统,综合识别与设计相关的安全风险影响因素。

(4) 设计导致的安全风险形成机理分析。针对安全风险影响因素,通过统计分析和复杂网络等方法,分析风险因素之间的因果关系,分析设计参数导致的安全风险形成路径。

2) 基于本体的地铁工程 DFS 全生命期安全风险知识库构建

(1) 构建面向设计过程的地铁工程安全风险领域本体。利用 Protégé 工具构建领域本体,明确该领域中的概念和概念之间的关系。本体是对某个领域中概念的形式化的明确表示,每个概念的特性描述了概念的各个方面及其约束的特征和属性。

(2) 构建面向设计过程的安全风险知识库。知识库主要由两部分组成:数据库和推理机。利用 Microsoft SQL Server 建立事故数据库,将安全事故案例转换为关系数据模型,具备信息便捷搜集、存储、分析、查询、快速检索的功能。

3) 基于 DFS 的地铁工程全生命期安全风险评估

(1) BIM 模型中的安全风险识别。利用 BIM 设计方案中的数字信息，根据 DFS 设计规则，识别出 BIM 设计方案中的安全风险。

(2) 全生命期安全风险评估方法与应用。选择合适的评估理论，优化、设计评估指标以及评估算法，建立设计导致的地铁工程全生命期安全风险评估模型，对地铁工程设计方案对全生命期的安全风险展开评估，并结合南京某地铁项目检验评估模型，验证评估方法的科学性。

图 1-4 描述了本书的研究框架。

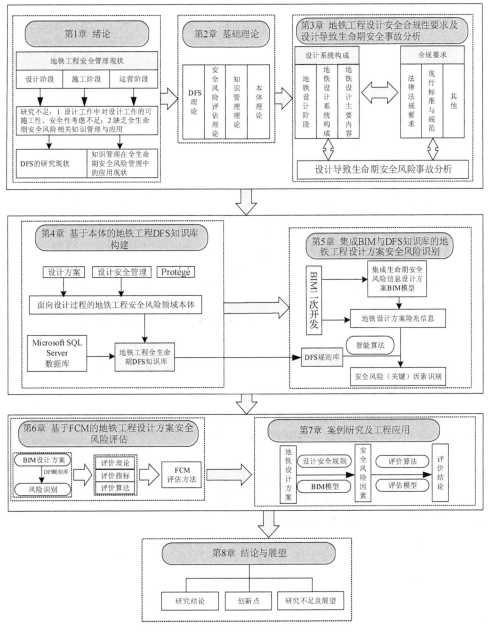

图 1-4 研究框架

11

1.3.4 技术路线

本书研究的内容是一个有机的整体,主要针对研究目标,选用科学可行的研究理论和方法(见本书第 2 章基础理论与研究方法),从 DFS 的理论内涵和设计导致的安全风险形成机理入手,构建基于本体地铁全生命期安全风险知识库,对地铁工程设计方案中的安全风险进行静态和动态识别,并最终建立完善的指标体系和模型对地铁工程设计方案中的安全风险进行评估,并结合实际典型案例展开应用研究。本书所涵盖的研究技术路线如图 1-5 所示。

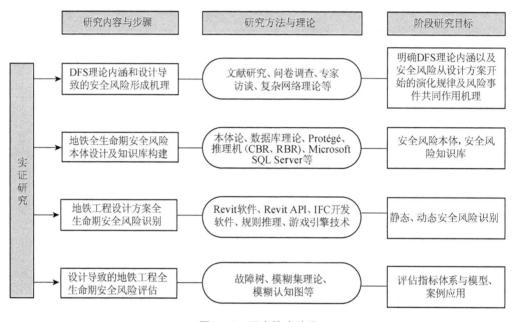

图 1-5 研究技术路线

1.4 本章小结

本章阐述了地铁设计阶段在地铁生命期安全风险管理中的重要影响,强调了在设计阶段开展面向安全的设计(DFS)对有效降低地铁生命期安全风险的重要意义。通过对国内外 DFS 理论、实践、相关制度等进行文献综述,总结了现阶段工程项目安全风险管理中各阶段之间割裂、缺乏实践 DFS 的知识、缺乏辅助开展 DFS 的工具等现状,以及在设计方案安全风险识别与评估方法等方面的研究不足,确定了本书的研究框架和技术路线。同时,本章还界定了本书的研究内容、范围和研究对象。

2 基础理论与研究方法

开展设计导致的地铁工程生命期安全风险评估需要准确了解地铁工程生命期安全风险的成因,准确识别设计导致的地铁工程生命期安全风险,最终选择科学有效的方法开展安全风险评估。因此,本章将对现有安全风险致因理论、安全风险识别的主要方法、安全风险评估的理论与方法进行分析,从中选择合适的理论、方法作为本书研究的理论和方法基础。

2.1 DFS 理论的基础

研究安全风险致因能够帮助人们更好地认识安全事故产生、发展和最终发生的真实原因和完整过程,从而帮助高效、准确地识别安全风险及导致其发生的因素,科学地开展安全风险评估,并采取合理有效的手段和方法开展安全管理工作,最终降低或消除安全风险。

2.1.1 传统的安全风险管理理论

1) 基于多米诺模型的事故因果连锁理论

安全致因理论研究的先驱,美国学者海因里希(W. H. Heinrich)于 1936 年在《工业事故预防》中提出了"事故因果连锁理论"。他认为安全事故不是单独的事件,而是由一系列因素连锁作用的结果,这些因素主要包括:社会环境及遗传、人的粗心错误、不安全的行为或不安全的环境、安全事故和伤害、损失[109]。如图 2-1 所示,他认为事故的发生如多米诺骨牌一样,第一枚骨牌被碰之后,余下的骨牌就会相继被撞倒,一系列的连锁反应就会导致事故发生。相应的,如果从中任意抽取一支骨牌,安全事故就会因为连锁反应的中断而不再发生。弗兰克·博德(Frank Bird)、亚当斯(Adams)等人结合现代安全管理理论对海因里希多米诺模型进行了研究,认为对现场人和物的不当管理是造成安全事故的主要原因[110-111]。此外,基于多米诺事故因果模型,国外学者还发展了如"4M"等安全致因理论[112-113]。

2) 轨迹交叉理论

安全风险致因轨迹交叉理论是 20 世纪 60 年代末由日本劳动省提出的。该理论认为人和物的因素对于安全事故的发生具有同样的贡献,物的不安全状态和人的不安全行为是安全事故发生的直接原因,社会因素和管理缺陷则分别是安全事故发生的基础原因和间接原因,如图 2-2 所示。

3) 能量意外转移理论

安全风险致因能量意外转移理论是由吉布森(Gibson)和哈登(Haddon)等人于 20 世纪 60 年代提出的。能量意外转移理论认为安全事故的发生是由于非正常或者非预期内的能量在生产过程中释放,从而导致人员伤亡和财产损失[114-115]。

此外,不同的学者还发展了如瑞士奶酪模型(Swiss Cheese Model)[116]、流行病传染理

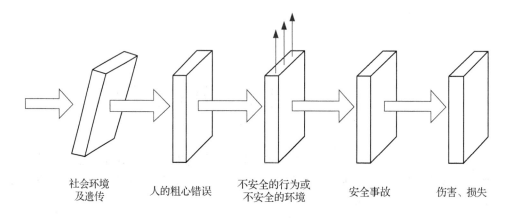

图 2-1 事故因果连锁理论:多米诺模型

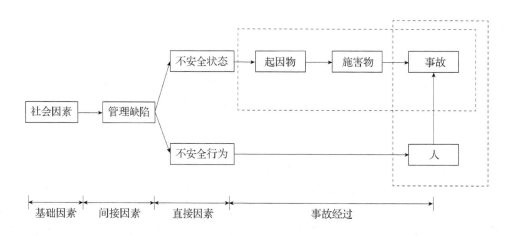

图 2-2 轨迹交叉理论模型

论[117]、事故倾向理论[118]、安全事故层次理论[119]等安全致因理论[120],从不同的视角研究安全事故的成因。

2.1.2 系统视角的安全理论

随着事故致因理论的不断发展,越来越多的学者认识到安全事故的发生不再是由孤立的因素导致的。在复杂的社会-技术系统中(socio-technical system)不存在绝对安全的活动,任何活动都可能蕴藏着潜在的风险,并且事故致因因素之间相互联系,因此需要从系统的角度开展事故致因分析[113,119]。系统安全理论将可能导致事故发生的因素都归纳为危险源,而安全事故是在一定环境下,系统中各个系统元素(危险源)相互作用而产生的涌现特性。威廉·汉姆(Willie Hammer)定义危险源为:可能造成人员伤害或者财产损失的条件[121]。Abdelhamid[113]和Haslam[119]从系统的角度分别研究了产生安全风险的因素,认为组织因素、材料设备、工作环境、人的行为等对安全事故的发生都有着一定的作用。国内学者分别提出了两类危险源和三类危险源[122-125]。其中,第一类危险源是指系统中存在的,容易造成能量意外释放的能量载体或者能量源;第二类为人的失误、物的故障、物理环境因素;

第三类为不符合安全规则的组织因素,包括组织的不安全行为、失误等[123,125]。

2.1.3 安全风险管理理论对 DFS 理论的支撑

设计阶段作为工程项目生命期的前期阶段对施工和运营阶段的安全管理具有重要的影响。在传统的安全风险致因理论框架下,设计阶段可以通过对导致安全事故的单个或者多个致因,以及安全事故因素之间传导的过程开展安全设计,从而降低安全风险。如在多米诺模型中,安全管理人员可以通过在设计阶段对其中的某一个环节开展安全设计,使得安全风险传递的程序到某一个环节便终止,从而避免安全事故的发生。如在轨迹交叉理论中,设计人员可以通过设置安全护栏等措施,将人的不安全行为(如野蛮作业)与物的不安全状态(如高处临边)等有效隔离,避免两者之间发生交叉,从而避免安全事故的发生。又如能量释放理论中,设计人员可以通过减少事故的能量,降低能量意外释放的概率等手段,实现安全水平的提高。根据系统安全理论的视角,尽管安全事故不直接发生在设计阶段,但是设计工作决定了施工和运营的方法、材料、设备选型、现场的布置等。因此,通过在设计阶段系统地考虑影响安全问题的各个子系统,能够从系统的角度降低工程系统安全的脆弱性并提高系统的韧性。

纵观安全管理理论的发展,事故致因理论研究已经从传统研究的单因素、线性研究向多因素、系统性的方向发展。传统的安全风险致因理论和现代的系统安全理论都充分证明了DFS 理论对提高工程系统生命期安全管理水平、降低安全风险具有巨大的潜力[126]。

2.2 安全风险识别的主要方法

2.2.1 传统的安全风险识别方法

1) 检查表法

检查表法(checklist)采用系统工程的方法将建设工程项目进行科学的分解,找出每项工作可能存在的安全风险,如运用工作分解结构(WBS)法对工程项目进行分解,同时运用风险分解结构(RBS)法对安全事故进行解构,建立每一个分部或分项工程所关联的风险[127],从而为风险识别提供依据。由于检查表法较为简洁、直观,因此,检查表法是工程实践中应用最为广泛的方法。

2) 头脑风暴法

头脑风暴法(Brain Storming)又称为集思广益法,该方法通过鼓励参与讨论的安全专家围绕给定的主题(安全识别)自由地发表意见,充分联想,充分沟通交流,产生创造性的建议和意见。该方法有利于探索工程项目未知的风险,比较适用于没有先例可循的工程项目的安全风险识别。该方法需要关注安全专家数量,通常以 8~12 人较为适宜,会议主持人应当能够确保讨论期间会议主题明确,引导每位安全专家充分参与讨论,并实时整理和总结[128]。

3) 专家调查法

专家调查法又称为德尔菲(Delphi)法,该方法由美国著名的战略咨询公司兰德公司在20 世纪 40 年代末提出并在各个领域都得到了广泛的应用。该方法主要依赖工程领域专家的专业理论和积累的安全实践经验。在实际操作过程中,研究人员首先选定该项目领域内的专家,通过匿名函件的咨询方法征询专家的意见,并将专家的意见整理后再匿名发给各个专家,并循环该流程多次。当专家的意见逐渐趋于统一时即可作为最终的安全识别结果。该方法运用较为广泛,但是由于涉及多轮咨询,因此周期较为漫长,同时需要研究人员整理和统计,因此要求操作人员具有一定的安全管理知识储备。此外,专家的选取对于风险识别的准确性有非常大的影响。

4) 故障树法

故障树法(Fault Tree Analysis,FTA)是一种图形化的安全风险识别和分析方法,能够通过事件符号和逻辑符号清晰直观地展示安全风险所在的基本单元以及其和整个系统的关系。同时,故障树简明的结构使得安全知识在实践应用中能够方便保存和使用,因此该方法在安全风险识别和管理中得到了广泛的应用[129]。由于故障树法依赖于事件结构的准确划分以及事件之间的逻辑关系清晰界定,因此,需要研究人员对工程系统非常熟悉。此外,故障树法缺乏对安全风险定量的研究[129-130],需要结合其他方法才能实现对安全风险定量化的研究。

2.2.2 安全风险识别智能方法

随着科学技术的高速发展,以计算机、信息技术为代表的智能技术在安全管理领域得到了广泛的应用,为安全风险识别提供了智能的方法。其中具有代表性的有基于知识管理的安全风险识别信息系统和基于信息技术的安全风险智能识别法。

1) 基于知识管理的安全风险识别信息系统

得益于计算机技术的快速发展,安全管理人员对安全知识的存储、处理等管理能力得到了巨大的提升。建设项目中大量的安全知识如安全法律法规、安全管理文件、发生的事故案例、专家经验等经过科学的处理后形成安全管理知识库,从而形成具有安全知识的写入、查询等功能的信息系统,供安全管理人员开展工程项目安全风险识别和安全管理使用[25,131-133]。如在早期的DFS实践中,Gambatese、Hinze、Hadikusumo和Rowlinson等学者以及部分企业将搜集来的DFS案例帮助设计人员识别设计工作中潜在的安全风险,从而降低生命期的安全风险[17,19,31-32]。

随着研究的逐步深入,安全管理人员不断提高对安全知识的运用水平,拓宽安全知识的获得方式,提高安全知识的使用效率,如通过安全事故案例、安全法律法规等推理得到安全规则,从而帮助安全风险识别[11,25,134-135]。

2) 基于信息技术的安全风险智能识别法

与此同时,以传感技术、物联网技术、计算机视觉识别、人工智能技术等为代表的新一代信息技术在安全管理中的应用为安全风险识别提供了新的手段[70,136-138]。如为了识别设计工作中存在的安全风险,Ding等学者开发了安全风险识别系统用于识别传统图纸中的安全风险[139]。Hadikusumo和Sacks等学者利用VR技术帮助设计人员通过模拟施工环境识别安全风险[31,33]等。

近年来,BIM技术在建设行业得到了广泛的应用,同时使得知识管理和信息技术两者之间的结合越来越紧密,许多学者将BIM与安全知识进行了结合,对识别设计方案中的安全风险做出积极探索。如Zhang等将BIM技术和安全知识结合,实现了设计方案的安全检查[42]，曾雯琳等探索了BIM模型和DFS规则的应用[26]，张伟胜等人将安全规则与BIM技术结合，实现了不安全设计因素的自动识别[11]；Li等学者提出了基于BIM技术的地下工程施工前安全识别机制[140]。Hossain等学者建立了结构化的DFS知识库并将其与BIM结合，用来帮助设计人员识别安全风险[43]。知识管理与信息技术的深度融合已经广泛应用于工程生命期安全风险管理，并且能够实现安全风险的"预控"乃至"超前控制"，已经成为工程风险管理的研究趋势。

2.3 安全风险评估方法

2.3.1 风险矩阵法

风险矩阵法是安全风险评估中较为常用的一种基本方法，通常采用风险事件可能产生后果或危害的严重程度和概率两个维度来度量，可以用式(2-1)来理解风险。

$$风险(R) = 严重程度(S) \times 发生的概率(P) \tag{2-1}$$

在安全风险评估中通常会将后果的严重程度和发生概率分别划分为4个或者5个等级，并作为风险评估表二维表格的行和列，在行和列交叉的位置上给定加权指数，从而得到一个风险评估指数矩阵。如国际隧道协会给出了隧道施工阶段的安全风险造成伤害或损失的大小(共分为5级)以及风险事件发生的概率(共分为5个等级)，从而给出风险评估矩阵，如表2-1所示[141]。我国《城市轨道交通地下工程建设风险管理规范》(GB 50652—2011)也给出了类似的安全风险矩阵，用来指导风险评估工作[142]。

表2-1 隧道施工安全风险评估矩阵

发生的概率	事件的结果				
	极高	高	中等	低	极低
极易发生	无法接受	无法接受	无法接受	不希望发生	不希望发生
可能发生	无法接受	无法接受	不希望发生	不希望发生	可以接受
偶尔发生	无法接受	不希望发生	不希望发生	可以接受	可以接受
不易发生	不希望发生	不希望发生	可以接受	可以接受	可以忽略
较难发生	不希望发生	可以接受	可以接受	可以忽略	可以忽略

2.3.2 层次分析法

层次分析法(Analytic Hierarchy Process，AHP)由Saaty教授于1981年正式提出并广泛运用于各个研究领域。该方法通过决策过程将目标事件层次化、模型化，并运用数学的方法将非定量的研究转化为定量的研究[143]。如在我国地铁安全研究中，贾水库等学者运用层次分析法对地铁运营系统开展了安全评估[144]。在实际应用中，我国《地铁工程施工安全评价标准》(GB 50715—2011)中采用了层次分析法，通过相关专家分别对施工安全组织管理评估、施工安全技术管理评估、施工安全环境管理评估、施工安全监控预警管理评估四个一级指标以及相应的二级指标、三级指标的打分,最终确定各个指标之间的权重关系,在此基础上进行地铁施工安全评估[145]。

在实际运用过程中,层次分析法依赖于专家对指标的熟悉程度和经验,即便认真筛选参加安全风险评估的专家,评估过程依然具有较高的主观性。同时,在实际操作过程中,两个指标间的差别通常没有明确的边界,在给各个指标打分的过程中,专家有时也发现难以给出具体的分数,如在 1~5 的量表中选择一个确切的数值用作两个指标之间的比较,因而导致实际评估人准确性和效率不高[146-147]。此外,利用层次分析法建模与分析问题时,该方法认为指标和指标只存在上级指标和下级指标之间的递进作用,相同层级指标之间是独立的,忽略了各个系统之间的相互关联[148]。事实上,在地铁系统中,各个安全风险之间的关系并不仅仅是层次递进关系,各个子系统之间都是相互关联的[10],因此使用层次分析法无法科学开展设计导致的地铁生命期安全风险评估。

2.3.3　网络层次分析法

在层次分析法发展 20 多年后,Saaty 教授于 1996 年系统地提出了网络分析法,作为层次分析法的一种延伸[148-149]。不同于层次分析法,网络层次分析法(Analytic Network Process, ANP)在建模和分析的过程中不仅考虑了指标之间的层次递进关系,同时也考虑了同一个层次的各个指标之间的复杂关系,因此能够更好地反映分析目标的实际情况[150-151]。然而,ANP 方法与 AHP 方法同样依赖于专家建立不同指标之间的关系,并确定不同指标的权重以及数值。

2.3.4　模糊综合评估法

模糊综合评估法(Fuzzy Comprehensive Evaluation Method,FCEM)是模糊理论在评估方法中的具体应用。该方法为克服层次分析法无法处理不同指标之间边界模糊的缺点提供了非常有效的解决思路,尤其是当影响目标的因素较多,并且因素之间的关系又有很强的不确定性和模糊性时。其中模糊综合评估是以模糊数学为基础,能够帮助将专家评分这类定性的数据转化为定量的评价[152]。同样,尽管模糊综合评估法实现了安全风险评价的定量化分析,但是对各个因素之间的关系仍然缺乏系统的解释。

2.3.5　风险评估方法在设计方案安全风险评估中的应用

澳大利亚 BLL(Bovis Lend Lease)公司采用了 ROAD(Risk and Opportunity Analysis at Design Stage)管理体系,通过将已知的施工技术以及其安全风险搜集并记录在 ROAD 文件中,参与设计阶段安全风险管理的各方能够对设计方案中潜在的安全风险进行讨论、识别和评估,帮助其在设计阶段确定设计方案时选用更为安全的施工方法和工程材料,进而降低工程项目实施阶段的安全风险[22]。

于京秀等提出了基于 5 个要素和 3 个管理体系的设计安全管理框架,并采用 FAHP 方法对建筑设计阶段的风险管理开展评估[44]。苏永强等学者将建筑工程设计分解为建筑设计、建筑防火、建筑设备、勘察和地基基础、结构设计、房屋抗震设计等子系统,运用 FAHP 对建筑工程设计方案开展了安全评估[153]。

李永辉从人、物、环境、管理 4 个维度构建了建筑工程设计安全评估指标体系,评估体系包含人的因素、物的因素、环境因素和管理因素4个准则层,以及26个评估指标,并基于遗传算法和BP神经网络对设计安全工作进行评估[154]。

通过分析可以发现,当前对设计方案开展安全风险评估的研究并不多,评估指标多为定性的数据,对指标的评分主要依靠专家知识进行安全评估。相关的评估指标无法体现设计方案导致生命期安全风险的机理,缺乏对设计方案的解构,对设计方案中导致安全风险的因素识别不足,究其根本原因在于对设计阶段的安全知识缺乏统一、系统的表达。

2.4 基于本体理论的知识管理

2.4.1 知识管理理论

《辞海》中定义知识为"人类的认识成果,来自社会实践"[155]。牛津在线词典定义知识为"知识是人类通过体验或者接受教育而得到的某一个学科的信息以及对其的理解"。对于知识的划分有很多视角和方式,如根据研究内容的不同可以将知识分为自然科学知识、社会科学知识和思维科学知识;从认知心理学的角度可以将知识分为广义的知识和狭义的知识;以及知识形态视角的初级形态(经验知识)或高级形态(系统理论科学)之分。站在管理学角度,知识又可以分为显性知识和隐性知识[156]。显性知识通常是指存储在书籍、文件、电脑中的数据等,可以以文字、图表等形式表达的知识;隐性知识主要包括文化、个人的经验等,通常难以传播和表达[156-159]。

随着社会经济和科学技术的不断发展,人类已经逐渐认识到知识作为重要的生产生活资源在生产生活中扮演着重要角色,如"知识就是力量""知识改变命运"等。近年来,知识管理得到了越来越多的重视,在诸多领域如教育学、图书情报学、城市发展、建设管理等开展了广泛的研究[160-162]。知识管理被定义为对智力资产的识别、优化和积极的管理,从而创造价值,提高生产力并且持续保持竞争优势[163-165]。因此,知识管理能够帮助企业更有效地获取已有知识、开发新的知识,实现知识的高效利用和分享,从而创造更多价值[164,166]。

建设行业中存在着大量的知识,建筑业企业、组织的发展、工程项目的实施都建立在已有知识的基础上,同时也在不断地创造新的知识[167-168],建设行业作为知识密集型行业已经成为国内外研究的共识[169],知识管理也被广泛地应用于建筑业企业管理和项目管理[95,162,167,170-172]。在工程项目的生命期中,设计阶段是知识获取和创造最密集、最典型的阶段[94]。在整个设计过程中,设计人员基于多方对项目的需求,运用已有的知识,不断创造出新的知识[171-173]。在开展面向安全的设计过程中,需要充分利用显性的安全知识(如安全法律法规、标准规范文件等)以及隐性的安全管理知识(事故报告、安全管理专家的经验等),将两者科学、有机地结合在一起,帮助设计人员实现对DFS知识科学、高效的管理和运用,实现面向安全的设计。

2.4.2 本体理论

本体理论(Ontology)起源于西方哲学中"本体"的概念,是对物体本源的一种追溯和探索,其目的在于对客观存在的事物进行系统的、本质性的描述[174-175]。因此,本体是一种基本概念的集合,通过给出特定领域知识的概念化、正式化、公式化的表述方式,从而帮助实现知识高效的共享和使用[174-177]。从 20 世纪 80 年代开始，本体理论最先在人工智能领域得到应用并不断完善和成熟[178-179]。随着信息管理、知识管理得到越来越多的重视，本体理论也随之在语义 web、智能信息检索、图书情报等不同领域得到了广泛的应用[180]。当前，对于本体论的研究主要集中在以下几个方面：(1) 本体的构建；(2) 利用本体对传统知识进行合理的组织与优化；(3) 实现知识检索并优化检索效率；(4) 本体评估方法；(5) 本体的整合与提取的方法等[181-182]。

近年来，随着信息技术和知识管理在建筑行业应用的不断深入，本体理论为如何在设计阶段集成、管理和运用建设行业中的知识提供了新的视角和方法[170-171]。

2.5 本章小结

本章通过对传统的安全风险管理理论、系统视角的安全管理理论、安全风险识别与评估方法进行了系统的研究分析，研究显示 DFS 安全风险理论不仅符合传统安全风险的发展趋势，也是系统视角安全管理的重要构成。因此，在设计阶段实践 DFS 能够极大地降低工程项目生命期安全风险。同时，现阶段对设计安全知识缺乏统一、系统的表达，成为推动 DFS 应用的障碍。为了克服该障碍，应提高设计阶段安全知识的利用水平。本章对知识管理理论以及本体理论进行了简要的介绍。

3 地铁工程设计安全合规性要求及设计导致生命期安全事故分析

现有的研究和实践表明,设计工作对于工程项目生命期安全风险具有重大的影响,在设计阶段开展面向安全的设计是降低生命期安全风险的有效手段之一[10,53,183]。然而,地铁是由若干个子系统构成的复杂的巨系统。因此,了解地铁设计系统的构成以及设计各阶段安全管理的内容是开展DFS的基础。当前,工程项目设计阶段的安全管理主要依赖于设计人员对法律法规、标准规范中条文要求的理解和自身经验。同时,地铁项目施工和运营阶段积累的安全案例也为提高设计工作的安全水平提供了宝贵的经验。本章将梳理现有安全法律法规、标准规范中的条文,分析其对地铁工程设计阶段的安全合规性要求。同时,本章也将对地铁生命期安全事故案例开展研究,构建案例分类模型,分析由设计导致的地铁工程生命期案例的特点,从而得出设计阶段对地铁生命期安全管理的影响及其机理,为在地铁工程设计中开展DFS奠定基础。

3.1 地铁设计系统构成

3.1.1 地铁系统的构成

地铁系统是由一系列子系统构成的,主要包括土建系统与设备系统[77,104,184],其中土建系统主要包括地铁车站建筑(地下车站、地面车站、高架车站),用以连接车站的区间工程(隧道或者高架)以及车辆段等。设备系统主要分为两大类:一类为建筑设备,主要包括环境控制系统、给排水系统、自动扶梯和垂直电梯、防灾报警系统以及消防系统等;另一类为轨道交通系统设备,主要包括通信系统、信号系统、供电系统、电力监控系统、屏蔽门系统等[184],详细的系统划分可以参阅《地铁设计规范》(GB 50157—2013)[104]。

3.1.2 地铁各设计阶段的主要内容

地铁项目施工前主要有勘察和设计两个主要阶段,这两个阶段相互独立,同时相互之间也存在一定的关联。勘察阶段主要根据建设单位给出的勘察要求进行勘察。同时,勘察结果也将作为设计阶段开展设计工作的主要依据。

根据第1章中对于本书研究中地铁设计阶段的界定,地铁设计工作主要划分为可行性研究阶段、总体设计阶段、初步设计阶段、施工图设计阶段、施工组织设计阶段和施工配合阶段[184]。其中,可行性研究阶段主要通过对项目的主要内容、建设规模和配套条件从技术、经济、工程等多方面开展调查和分析研究,对项目预期能取得的经济效益,产生的社会、环境影响进行预测,从而判断项目是否具备投资价值等。施工配合阶段主要是在施工阶段按照设计文件指导施工,并对施工遇到的问题做出相应的设计变更。因此,对地铁生命期安全管理产生直接影响的主要有以下 4 个设计阶段,各个阶段开展的工作主要有[184-186]:

1) 总体设计阶段

总体(概念)设计又称为总体规划,主要决定了某个区域地铁建设的总体规划。在这个阶段,通常决定了地铁线路的建设进度和总平面规划,因此总体设计阶段决定了地铁线路建设和运营阶段所面临的地质水文条件以及是否经过文物保护区域、已有建筑群等,这些因素会对地铁建设和运营安全产生潜在的影响。

2) 初步设计阶段

初步设计阶段主要对地铁线路的设计原则、设计标准、重大技术问题(如重大施工方案选择等)进行确认。该阶段形成的初步设计文件应该符合已经审定的总体设计方案,确定地铁沿线的建筑物、构筑物及管线的迁移和保护,同时也确定了地铁设备系统中设备的选型,地铁站台的空间布置、动线设计。因此,初步设计阶段对地铁生命期安全具有较大的影响,由于地铁运营阶段高度依赖于地铁设备系统的可靠运营,因此该阶段对地铁运营阶段的安全风险影响较为显著。

3) 施工图设计阶段

施工图设计阶段是连接设计阶段和施工阶段的桥梁。在施工图设计阶段中,设计人员将批准的前期设计文件形成具体的设计图纸,用图纸的形式将设计意图更明确、详细地表达出来,提供给施工阶段以及运维阶段使用。施工图设计阶段通常决定了施工结构的形式、构件的尺寸等,以及相应的验收方法和标准。

4) 施工组织设计阶段

施工组织设计是施工单位根据设计单位提供的设计文件,结合项目现场的施工条件和约束等因素,编制一套工程实施阶段的施工方案。施工组织设计阶段决定了现场的施工(活动)方案以及人员、物资配置等。因此,施工组织设计对地铁施工阶段的安全风险有着直接的影响。

随着 BIM 等技术的发展,设计文件(模型)能够实现施工阶段的动态模拟,同时最终的项目模型也为运营阶段提供了依据[187]。因此,施工图设计阶段在地铁工程生命期安全管理中发挥着越来越重要的作用。

3.2 地铁各设计阶段的安全管理主要内容

由于设计工作对生命期安全风险具有较大的影响,目前我国建设行业主要通过在建设项目设计工作的各个阶段实行安全审查制度,从而确保设计工作的质量,降低设计方案的安全风险。通过对设计企业的走访以及参阅相关文献[27,154,188-189],各个设计阶段的审查内容主要有以下几个方面。

3.2.1 总体设计阶段

在编制总体设计文件的过程中,设计人员根据建设单位对工程标准的要求,以及法律法规的相关规定,开展文件编制工作,编制完成的文件需要由建设单位报建设主管部门审批。

3.2.2 初步设计阶段

我国法律规定,包括地铁在内的大型建设项目需要开展初步设计文件安全审查[190]。通常,设计院内部会组织资深的设计人员对图纸中的质量问题开展内部审核,设计人员按照审核意见修改后提交项目建设单位,再由建设单位组织该领域的专家召开初步设计专家论证会,对初步设计文件进行论证。

3.2.3 施工图设计阶段

施工图文件是设计意图的最终表达,部分复杂的部件需要进行深化设计,如构件的大样、详图等,因此对于施工图的审核也较为严格。在图纸交付施工方开展施工作业前,建设单位需要组织专家进行施工图审查、消防审查以及人防审查,以确保施工图设计文件符合法律规范要求。

3.2.4 施工组织设计阶段

施工组织设计是组织施工准备工作和指导施工过程中人员、设备、物资等时间、空间安排的技术经济依据。施工组织设计主要工作包括:施工组织总体设计、单位工程施工组织设计、施工方案设计等[191]。施工组织设计由项目负责人主持编制,在施工组织设计文件编制过程中,需要考虑工程项目所在地的地质水文等自然环境条件,以及施工现场的平面布置、施工进度、机械设备的选型、临时设施、参与各方之间的配合等诸多问题。在编制的施工组织设计文件中,需要编制专门的安全管理计划,包括安全技术措施、安全技术知识、安全技术交底、安全责任制度落实、安全保障等措施;同时,对于达到一定规模的危险性较大的分部(分项)工程,需要编制专项施工方案,由施工单位组织相关专家评审后,经施工单位技术负责人、总监工程师签字后项目方可实施[191]。

除了以上 4 个阶段,在工程项目实施过程中,如果主观、客观条件发生变化,需要根据实际情况开展设计变更,相应的设计文件需要进行同步的修改并经过论证达到符合安全施工的标准后才可实施。项目运营和维护通常由运营企业负责,运营企业在日常运营和维护工作中,同样需要遵守法律法规、标准规范并且参考设计企业提供的设计说明文件。图 3-1 给出了当前法律法规、标准规范下的地铁生命期安全管理流程。

表 3-1 整理了我国工程项目生命期安全管理工作的主要内容、实施机构、实施方法以及审查机构。从各个阶段审查的手段和内容可以发现,当前设计审查工作主要是由上级主管部门依据法律法规明文的规定对设计文件展开审查,审查过程主要关注设计图纸是否符合法律法规、标准规范的规定,即审查图纸的合规性。该项工作耗时耗力,也是工程审批周期较长的重要原因。由于审查依据的是静态的图纸,因此难以准确、系统地识别出施工过程中存在的安全风险。此外,现阶段的工程项目生命期安全管理工作对审查专家的安全知识储备具有较高的要求,需要审查专家不仅对设计方案具有一定的了解,同时也需要具有丰富的现场安全管理经验。在实际的安全风险审查工作中,安全专家的主观性也会影响安全风险识别和评估的结果。

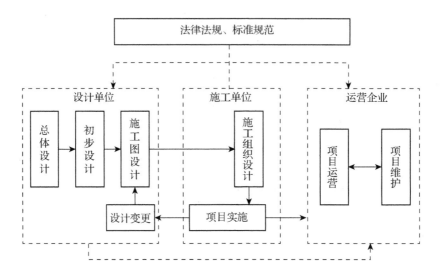

图 3-1 法律法规、标准规范等要求的安全管理流程

表 3-1 我国建设项目设计阶段执行的安全制度统计

工程阶段	安全管理内容	实施机构	实施方法	审查机构
可行性研究阶段	安全预评估	建设单位	合规性检查	建设主管部门
总体设计阶段	设计文件安全审查	设计单位	专家论证/安全审图	建设主管部门
初步设计阶段	设计文件安全审查	设计单位	专家论证/安全审图	建设主管部门
施工图设计阶段	设计文件安全审查	设计单位	专家论证/安全审图	建设主管部门
施工组织设计阶段 施工阶段	建设企业安全生产资金保障	建设单位	现场检查	建设主管部门
施工组织设计阶段 施工阶段	安全生产资金保障制度	施工单位	现场检查	建设主管部门
施工组织设计阶段 施工阶段	专项安全施工方案编审制度	施工单位	专家论证	建设主管部门
施工组织设计阶段 施工阶段	安全技术措施计划执行制度	施工单位	专家论证	建设主管部门
施工组织设计阶段 施工阶段	安全生产技术交底制度	施工单位	现场检查	建设主管部门
施工组织设计阶段 施工阶段	安全生产教育培训制度	施工单位	现场检查	建设主管部门
施工组织设计阶段 施工阶段	安全生产检查制度	施工单位	现场检查	建设主管部门
施工组织设计阶段 施工阶段	班组安全活动制度	施工单位	现场检查	建设主管部门
施工组织设计阶段 施工阶段	安全生产责任制制度	施工单位	现场检查	建设主管部门
施工组织设计阶段 施工阶段	应急救援制度	施工单位	现场检查	建设主管部门
施工组织设计阶段 施工阶段	机械设备安全管理制度	施工单位	现场检查	建设主管部门
施工组织设计阶段 施工阶段	安全验收制度	施工单位	现场检查	建设主管部门
施工组织设计阶段 施工阶段	特种作业人员管理制度	施工单位	现场检查	主管部门
施工组织设计阶段 施工阶段	生产安全事故报告制度	施工单位/建设单位	现场检查	建设主管部门

续表

工程阶段	安全管理内容	实施机构	实施方法	审查机构
施工组织设计阶段 施工阶段	文明施工管理制度	施工单位	现场检查	建设主管部门
	卫生管理制度	施工单位	现场检查	建设、食卫主管部门
	环境保护管理制度	施工单位	现场检查	建设主管部门、环保部门
	消防防火制度	施工单位	审图、现场检查	消防部门
试运营阶段	安全验收评估	建设单位	现场检查	建设主管部门
运营阶段	事故应急救援预案制度	运营企业	现场检查	主管部门
	安全现状评估	运营企业	现场检查	主管部门

3.3 现有法律法规及标准规范对设计安全性要求

由于尚没有更加科学、有效的手段开展面向安全的设计,现阶段设计工作主要参照法律法规的规定。当前,我国建设领域已经建立了较为完善的建筑安全管理法律体系,如表3-2所示,在现有的安全管理法律体系中,上位法效力高于下位法,如宪法效力大于法律的效力,法律的效力大于部门规章的效力[192]。例如,宪法是我国的基本法,具有至高无上的法律效力,是其他法律、法规的编制依据;法律是由全国人民代表大会及其常务委员会制定,其法律效力仅次于宪法,它的效力范围为整个国家;行政法规是全国最高行政机关制定的规范性文件,效力在宪法和法律之下;规章主要分为部门规章和地方性法规和规章,是各个部门、地方政府为了规范职能部门、社会团体的活动和有关人员的行为等制定的行政性法律规范文件,在各个部门和地方的范围及权限内具有对应的法律效力。为了具体地指导建筑业安全生产,各部门、地方等制定了具体的安全技术标准和规范用来指导和规范建筑业安全生产活动[189,193],通常规范和标准又分为建筑设计类、结构设计类、施工技术类。

表3-2 我国现行安全规范体系

法律等级	示例
宪法	《中华人民共和国宪法》
法律	《建筑法》《安全生产法》《职业病防治法》《消防法》等
行政法规	《建筑工程安全生产管理条例》《国务院关于特大安全事故行政责任追究的规定》《生产安全事故报告和调查处理条例》等
部门规章	《建筑施工企业安全生产许可证管理规定》《建筑起重机械安全监督管理的规定》等
地方法规及规章	《江苏省安全生产条例》《南京市建筑安全生产监督管理规定》等
安全标准规范	《地铁设计规范》《地铁工程施工安全评价标准》《施工企业安全生产评价标准》《建筑基坑支护技术规程》等

3.3.1 现有法律法规对设计安全要求

设计阶段处于工程生命期的前段，开展面向安全的设计(DFS)对降低生命期(施工、运营阶段等)风险具有非常重要的意义[183]。因此，我国法律法规对设计工作也做出了相应的规定，规定了设计企业和人员的安全责任，设计工作的标准与要求。如我国《建筑法》第三十七条规定建筑工程设计应当符合建筑安全规程和技术规范，保证工程的安全性能；第五十二条规定建筑工程勘察、设计、施工的质量必须符合国家有关建筑工程安全标准的要求，具体管理办法由国务院规定；第七十三条规定建筑设计单位不按照建筑工程质量、安全标准进行设计的，责令改正，处以罚款[190]。

通过查阅我国法律法规中关于设计安全内容的描述可以发现，法律法规中的条文规定了建筑工程设计中设计人员对完成的工作负有安全责任，然而对于设计企业和人员的安全责任的大小，设计工作中安全管理的标准与要求表述较为模糊，可操作性较差，更偏向于原则性规定，因此还缺乏详细的、指导性的文件用以指导设计阶段开展面向安全的设计。

3.3.2 现有标准规范对设计安全要求

设计标准规范是指导设计人员开展设计工作的指南，设计标准规范详细规定了设计应满足的参数等要求。以《地铁设计规范》为例，规范中主要通过规定设计文件应当满足的参数从而实现地铁的安全设计。如《地铁设计规范》规定"在站台计算长度以外的车站结构立柱、墙体等与站台边缘的距离必须满足界限要求""车站内应设置导向、事故疏散、服务乘客等标准"等，从而避免地铁运营阶段发生安全事故。同时，由于地铁是一个庞大的系统，各个子系统的设计还需要满足其他相应的标准规范要求。

3.4 设计导致的地铁工程安全事故数据库

案例研究是开展安全管理的基础和重要手段之一。通过对已经发生的工程安全事故进行分析和研究，能够帮助安全管理人员更加直观、全面地了解工程安全风险的演化机理及其造成的危害。在建设工程安全管理领域，最为著名的安全事故数据库是美国劳工部(Department of Labors)下属美国职业安全与健康管理局(Occupational Safety and Health Administration，OSHA)针对建筑工程施工事故建立的数据库。数据库详细记录了事故发生的时间、地点、相关人员、伤亡情况以及违反的法律法规等，OSHA建立的安全事故数据库成为安全管理研究人员开展相关研究的重要素材[102,194-195]。此外，隶属于美国卫生与人力资源服务部(Department of Health and Human Services)下设的疾病控制和预防中心(Center for Disease Control and Prevention，CDC)的国家职业安全与健康研究所(National Institute for Occupational Safety and Health，NIOSH)专门针对工作中的死亡事故开展了评估计划(Fatality Assessment and Control Evaluation，FACE)，并建立了对应的数据库供研究使用。OSHA和NIOSH安全事故数据库涵盖了建筑工程在内的不同行业，在建筑工程中也包含了诸多的工程类型，如桥梁工程、道路工程、商业建筑等，然而其中关于地铁安全的事故案例并不多。同时，OSHA和NIOSH的安全事故数据库主要统计了发生在施工过程中的安全事故，因此其中的事故多发生在建设工程的施工阶段，而类似于地铁等基础设施的运营阶段，安全事故并没有纳入其中。在国内，我国住房和城乡建设部在其网站上对房屋和市政工程安全事故进行定期通报，目前尚没有官方的数据库用以统计建筑工程中的安全事故。

认识到安全事故案例在地铁生命期安全管理中的重要作用，部分学者开始整理建立地铁工程相关的安全数据库，并基于建立的安全事故数据库开展了相关研究。如邓小鹏等学者对搜集的地铁安全事故进行了事故发生规律性统计[196]，周志鹏等人建立了地铁施工事件数据库（Subway Construction Incidents Database，SCID）[98]，张晓玲等人基于上海市的地铁运营安全事件，利用微软 Microsoft Access 2010 软件构建了用于提高地铁运营阶段安全管理水平的运营阶段安全事件数据库（Metro Operation Incident Database，MOID）[4]。然而，现阶段的安全事故案例仅仅局限于安全事故发生的阶段，忽略了设计阶段对地铁生命期发生的安全事故的影响。因此，本章通过搜集并整理我国地铁工程生命期安全事故，分析安全事故发生的机理，构建设计导致的地铁事故分类模型，最终建立设计导致的地铁工程安全事故数据库。

3.4.1 事故案例搜集

目前我国尚没有官方关于地铁安全事故的统计数据，此外鉴于安全事故的特殊性和敏感性，也无法从企业内部报告中获得地铁安全事故的相关信息。因此，本研究延续采用课题组前期案例搜集的方法，通过文献查询、网络搜集、新闻报道等方法搜集地铁工程施工、运营期间的安全事故。由于部分发生在近期的地铁安全事故的原因仍在调查之中，为了减少安全事故致因的争议，本研究最终采用了 2015 年前发生的地铁安全事故。此外，由于各个国家和区域的宏观环境以及地铁建设和运营中的法律法规等的不同，本研究的案例只搜集整理了我国除港澳台以外的城市中发生的地铁事故。

通过各种途径搜集，最终共获得 442 例安全事故，其中施工阶段有 216 例，运营阶段有 226 例，地铁生命期安全事故案例信息如表 3-3 所示。

表 3-3 地铁生命期安全事故案例信息

事故类别	施工阶段		运营阶段		总计
	致死	非致死	致死	非致死	
事故数量	123	93	49	177	442
合计	216		226		442

所搜集的事故中共有 19 例发生在 2000 年前，其中最早的安全事故为 1969 年发生在北京地铁运营阶段，事故造成了 3 人死亡，200 多人受伤。2000 年至 2014 年末的事故案例有 419 例，事故时间和地理位置分布如图 3-2 和图 3-3 所示。

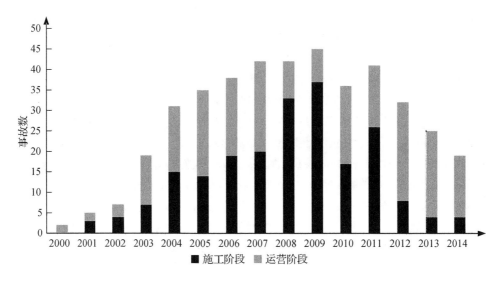

图3-2 地铁生命期安全事故年份分布

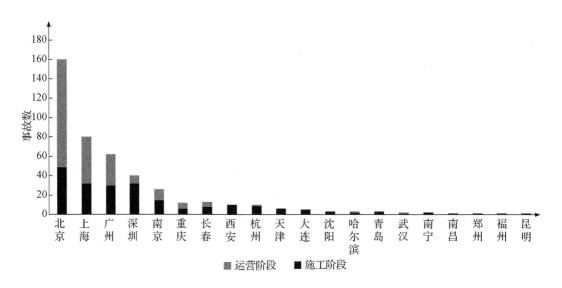

图3-3 地铁生命期安全事故城市分布

3.4.2 设计导致的地铁事故分类模型

为了建立建筑工程安全事故与DFS概念的关联,美国安全管理学者Michael Behm分析了NIOSH的FACE计划中224例于1990年后发生的致死安全事故数据。在分析事故和设计阶段的联系的过程中,Behm设计了一个设计-施工事故调查模型(Design-Construction Incident Investigation Model)用以调查施工致死的案例与DFS概念是否关联以及关联程度的大小[53]。在该研究中,Behm认为,如果该事故满足以下三点中的某一点,即可认为该事故和DFS概念相关:

(1) 工程项目设计的永久性特征是导致该事故的诱因。如果出现工程设计没有考虑施工阶段的工程活动或者设计的永久性的结构不能保证施工过程中采取安全措施,如施工人员在施工过程中无法使用临时的防坠落系统,即可认为该起事故和DFS存在关联。

(2) 如果已有的某项安全设计建议得到履行,该事故发生的可能性就会相应的减少,即可认为该起事故和DFS存在关联。

(3) 如果改进某项设计,能够降低该事故发生的可能性,即可认为该起事故和DFS存在关联。

通过对224例致死事故的分析,Behm发现,约有42%的事故与DFS概念有关联。此外,Behm还发现事故与DFS概念的关联程度与项目的性质(如新项目、项目改造、项目拆除等)以及项目的类型(如住宅项目、商业项目、工业项目等)有关。Behm的研究方法和得出的研究结论在后续的研究中得到了验证[108]。同时,国内学者采纳并改进了Behm的模型,也得出了类似的结论[197]。

本研究沿用了Behm的假设和模型,用来建立安全事故案例与DFS概念之间的联系。为了提高安全事故分类的效率和准确率,本研究在Behm提出的模型基础上引入了"前兆信息(precursor)"的概念。"前兆信息"是指导致安全事故发生的前置条件或者事件[198],"前兆信息"能够帮助安全管理人员找出导致安全事故发生的根本原因。为了更为准确、高效地识别安全事故的致因,吴伟巍、陆莹等人将"前兆信息"又细分为"人、物理系统、施工环境"等3个方面[102,198],即安全事故的发生是由于"人、物理系统、施工环境"三者的不安全行为或者不安全状态导致的,通过研究和分析"前兆信息"中的不安全行为或不安全状态,能够更快地帮助找出安全事故的致因。同时,采用"前兆信息"的概念和分类可以实现安全事故数据库信息的准确、高效的存取[198]。根据地铁项目设计导致的安全事故分类模型,搜集到的有效安全事故首先将根据导致其发生的安全风险的前兆信息分类为与"人""物理系统"或"环境"相关的安全事故。部分安全事故案例可能有不同的"前兆信息",针对这种情况,该安全事故案例将被归类为最相关的安全事故分类中。在完成安全事故初步分类后,由课题组专家按照Behm提出的模型中的准则判别该事故是否与DFS概念相关。最终与DFS概念相关的事故即由设计导致的安全事故将全部存放在设计导致的地铁事故数据库(Subway Design-Incident Database,SDID)中。地铁项目设计导致的安全事故分类模型如图3-4所示。

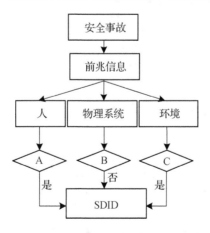

图3-4 地铁项目设计导致的安全事故分类模型

模型中 A、B、C 分别代表 Behm 提出的安全事故分类模型中"人""物理系统"和"环境"相关安全事故是否与 DFS 相关的判别准则,例如 A 对应的是与"人"相关的安全事故是否与 DFS 相关的判别准则,该准则为:(1) 导致安全事故发生的工程项目设计是否无法保证施工或者运营过程中人员(工人、乘客、工作人员等)的安全,或者影响人员采用安全措施。(2) 如果某项安全设计建议得到履行,那么该事故发生的可能性就会相应的减少。(3) 如果改进某项设计,那么能够降低该事故发生的可能性。如果三个问题中任意一个问题得到确认,那么该案例与 DFS 概念有关,即可以认为该事故的发生是由设计导致的。与"人"相关的安全事故分类模型(判别准则 A)如图 3-5 所示。

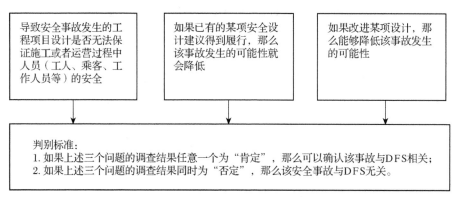

图 3-5 安全事故分类准则

表 3-4 给出了 3 个示范,用以说明安全事故分类的具体过程。

表 3-4 安全事故分类过程案例

案例号	城市	阶段	案例描述	前兆信息	涉及系统	可采用的安全措施	是否与DFS相关
1	南京	施工阶段	2007年2月5日凌晨6时左右,南京汉中路牌楼巷与汉中路交叉路口北侧,正在施工的南京地铁2号线出现渗水塌陷,造成天然气管道断裂爆炸。事故导致附近5 000多户居民停水、停电、停气,附近的金鹏大厦被爆燃的火苗"袭击",8楼以下很多窗户和室外空调机被炸坏,事故没有造成人员伤亡	环境相关	区间工程	优化降水井及止水帷幕的设计	DFS相关
2	上海	运营阶段	2007年7月15日,一名男子被地铁屏蔽门和列车门夹住,列车驶离站台时导致男子死亡	设备系统相关、人员相关	屏蔽门子系统	提升屏蔽门系统的安全设计水平	DFS相关
3	深圳	施工阶段	2010年9月7日突降暴雨,导致施工现场临时设施漏电,一名工人为了赶工受电击死亡	环境相关	车站建设	无	DFS无关

3.4.3 设计导致的地铁事故数据库(SDID)

经过安全专家利用地铁项目设计导致的安全事故分类模型对安全事故案例的筛选,在全部442例安全事故中,共有236例安全事故与DFS概念相关,即由于设计不当导致的生命期安全事故占所有事故的53.4%,整体数据高于Behm在2005年的研究中得出的42%的数据。造成该数据差异的原因可能在于两个国家安全管理水平的不同、工程项目类型的不同以及统计安全事故所处的生命期阶段不同等多种原因。详细分析SDID中的236例设计导致的安全事故可以更好地解释两者之间差异的原因,同时也能够更深入地了解设计工作对生命期安全管理的影响。因此,236例事故案例被筛选并储存于设计导致的地铁事故数据库(Subway Design-Incident Database,SDID)中。

本研究基于研究团队成员周志鹏、邓勇亮、万欣等人[199-201]的研究和相同的案例库,如周志鹏利用Microsoft Access 2010平台构建了地铁施工事件数据库(SCID)[199],Zhang等以上海地铁为例,构建了地铁运营事件数据库(MOID)[4]。本书从以上案例库中将与设计相关的案例整理构成了SDID案例。由于案例库的结构在前人的成果中已详细描述,本书对SDID数据库结构不再进行详细描述。

3.5 设计导致的地铁工程生命期安全事故特征

3.5.1 设计导致的安全事故分布特征

1) 生命期分布

通过对生命期安全事故的分析,施工阶段共有78例安全事故与设计阶段有关,占施工阶段安全事故总数216例的36.1%,该数据与Behm在2005年的研究中得出来的42%施工阶段的死亡事故与DFS概念相关的结论[53,107]较为接近。地铁运营阶段共有158例安全事故与设计阶段有关,占运营阶段安全事故总数226例的69.9%,明显高于地铁施工阶段的比例。在搜集整理的地铁生命期安全事故案例中共有124例安全事故造成了554人次人员伤亡,其中196起伤亡事故发生在施工阶段,358起发生在运营阶段,如图3-6和图3-7所示。可以发现,无论从事故的数量上或是造成的人员伤害数量等角度,设计阶段对于运营阶段的安全风险影响明显大于施工阶段。导致该结果的原因可能主要有以下两个:一是地铁施工周期通常

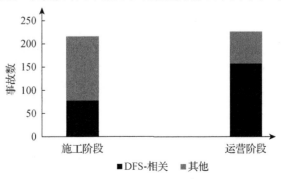

图3-6 地铁安全事故数据按阶段分布

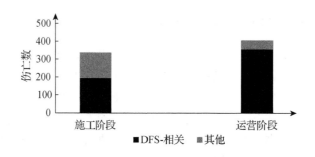

图 3-7 地铁安全事故造成的伤亡人数按生命期分布

远远小于运营周期,地铁施工期通常只有几年,而地铁运营的周期往往是几十年,因此运营阶段报道的安全事故总量会高于施工阶段;二是施工阶段地铁项目中涉及的人员相对于运营阶段要少许多,并且施工阶段的管理人员、施工人员在进入施工现场前都需要经过一定的专业学习、安全培训,因此具备一定的安全专业知识。而地铁运营过程中除了参与运营管理的专业人员,还涉及大量的乘客,乘客的安全知识参差不齐,因此很容易发生安全事故。

2) 按子系统分布

不同的子系统在地铁生命期安全风险管理中有着不同的表现。相应的,分析不同系统在地铁生命期安全管理中不同的安全表现能够指导设计阶段开展有针对性的安全设计工作。本研究采用《地铁设计规范》(GB 50157—2013)中对地铁子系统的分类,为了研究的便利,将规范中车站建筑、高架结构、地下结构合并为车站系统和区间系统,最终将地铁系统划分为 22 个子系统,如表 3-5 所示。

表 3-5 我国《地铁设计规范》中地铁子系统构成及其缩写

序号	子系统名称	缩写	序号	子系统名称	缩写
1	车辆系统	VES	12	信号系统	SIS
2	线路系统	LIS	13	自动售票系统	AFCS
3	轨道系统	TRS	14	防火系统	AFAS
4	路基系统	SUS	15	监控系统	ISCS
5	车站系统	SB	16	建筑自动化系统	BAS
6	区间系统	SC	17	乘客信息系统	PIS
7	防水系统	EWP	18	门禁系统	AC
8	暖通系统	VAH	19	运营控制系统	OCC
9	给排水系统	WSD	20	站台客运系统	ESP
10	供电系统	PSS	21	屏蔽门系统	PSD
11	通信系统	COS	22	车辆基地系统	BV

在对地铁系统分类的基础上,本研究将搜集的地铁生命期安全风险案例、与设计相关的案例分别按照系统分类,如图 3-8 所示。

从图 3-8 中可以看出车站系统(SB)和区间系统(SC)作为实现乘客交通需求以及其他

3 地铁工程设计安全合规性要求及设计导致生命期安全事故分析

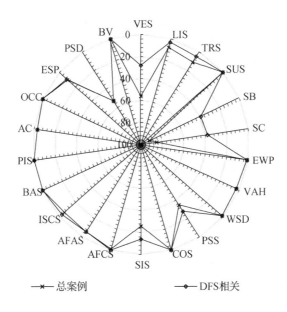

图 3-8 地铁事故按照系统分类

子系统的物理基础,是所有系统中发生安全事故最多的两个子系统。尤其在建设过程中,站台和区间工程的土建工程常常受到复杂的地质水文情况的影响,因此较容易发生安全事故。在所有的子系统中,站台门子系统(PSD)中发生与DFS相关的案例数量与该系统发生的安全事故数量相同,可以推断通过地铁工程在设计阶段合理设置可靠的站台门子系统,几乎能够避免该子系统相关的安全事故。同时,尽管SB和SC两个子系统中与DFS相关的案例相较于其他子系统(如PSD子系统)并不是特别高,但是由于发生在这两个子系统中的安全事故总数较多,因此在这两个子系统中开展DFS也将极大地降低地铁工程项目全生命期安全风险。

3.5.2 基于复杂网络理论的地铁物理系统安全拓扑特性分析

在地铁工程生命周期中,组成地铁系统的各个物理子系统之间相互关联形成了复杂的物理系统网络,最终实现地铁的各项功能。在由各个子系统构成的地铁物理系统网络(Subway Physical System Network,SPSN)中,各个系统之间相互依赖和影响。研究各个子系统对整个SPSN的安全影响,能够帮助设计人员找出整个网络安全运营的脆弱性,帮助设计阶段优化地铁物理系统,提高地铁系统安全运行的韧性。

复杂网络理论是研究地铁物理系统网络(SPSN)中各个子系统之间关系的有效工具。本书采用专家访谈的方法确定地铁物理系统复杂网络中各个子系统之间的关系,11名专家主要来自高校等研究机构、地铁建设单位和地铁运营企业。专家的信息如表3-6所示。

表 3-6 构建 SPSN 复杂网络结构的专家信息

序号	专家来源	人数	备注
1	研究机构	5	具备地铁生命期安全相关研究5年以上经验
2	建设单位	3	具备高级职称并在项目中担任主要领导或直接从事安全管理
3	运营单位	3	有5年以上工作经验,负责运营的经理、检修、调度人员各1名

通过专家对不同子系统在地铁生命期中相互之间的安全影响,构建了22个子系统在地铁物理系统中相互的安全影响矩阵,如表3-7所示(列表头与行表头名称一一对应)。在表3-7中,如果每行子系统的安全运行直接受到某一列的影响,那么对应的矩阵中该位置为1,否则为0。

表3-7 地铁系统安全影响矩阵

	VES	LIS	TRS	SUS	SB	SC	EWP	VAH	WSD	PSS	COS	SIS	AFCS	AFAS	ISCS	BAS	PIS	AC	OCC	ESP	PSD	BV
VES	—	0	0	0	0	0	0	0	0	0	0	0	0	0	0	0	0	0	0	0	1	1
LIS	0	—	0	1	1	1	1	0	0	0	0	0	0	0	0	0	0	0	0	0	0	0
TRS	1	0	—	0	0	0	0	0	0	0	0	0	0	0	0	0	0	0	0	0	0	0
SUS	1	0	1	—	0	0	1	0	1	0	0	0	0	0	0	0	0	0	0	0	0	0
SB	1	0	1	1	—	1	1	1	1	1	1	1	1	1	1	1	1	1	1	1	0	0
SC	1	0	1	1	1	—	1	1	1	1	1	0	1	0	0	0	0	0	0	0	0	1
EWP	0	0	0	1	1	1	—	0	1	1	1	1	0	0	0	0	0	0	1	1	0	1
VAH	1	0	1	0	0	0	1	—	0	1	1	0	1	0	1	0	0	0	1	0	0	0
WSD	0	0	0	0	0	1	1	1	—	0	0	0	0	0	0	0	0	0	0	0	0	0
PSS	1	0	0	0	0	0	1	1	1	—	1	1	1	1	1	1	1	1	1	1	1	1
COS	1	0	0	0	0	0	0	0	0	1	—	1	1	1	1	1	1	1	1	1	1	0
SIS	1	0	0	0	0	0	0	0	0	1	1	—	0	0	0	0	0	0	0	0	0	0
AFCS	0	0	0	0	0	0	0	0	0	0	0	0	—	0	0	1	1	0	0	0	0	0
AFAS	1	0	1	0	0	0	0	0	0	1	1	1	1	—	0	1	0	1	1	0	0	1
ISCS	1	0	0	0	0	0	0	0	0	0	0	0	1	0	—	1	1	1	1	1	0	0
BAS	1	0	1	1	0	1	1	1	1	0	0	0	0	0	0	—	0	0	0	0	0	0
PIS	0	0	0	0	0	0	0	0	0	0	0	0	0	0	0	0	—	1	0	0	0	0
AC	0	0	0	0	0	0	0	0	0	0	0	0	0	0	0	0	0	—	1	1	1	1
OCC	1	0	0	0	0	0	0	0	0	0	0	0	0	0	0	0	0	0	—	1	1	1
ESP	0	0	0	0	0	0	0	0	0	0	0	0	0	0	0	0	0	0	0	—	0	0
PSD	1	0	0	0	0	0	0	0	0	0	0	0	0	0	0	0	0	0	1	0	—	0
BV	1	0	0	0	0	0	0	0	0	0	0	0	0	0	0	0	0	0	0	0	0	—

本研究借助了复杂网络分析软件Pajek5.01版本分析地铁物理系统SPSN的拓扑特性,Pajek软件的输入文件如图3-9所示。

将输入文件导入软件后得出SPSN中各个子系统的拓扑关系如图3-10所示。

图3-11通过举例给出了地铁物理系统网络拓扑结构的解释。如图3-11所示,屏蔽门系统如果出现故障,将直接影响车辆系统;车辆系统如果存在安全隐患,也将影响屏蔽门系统。在车辆系统和轨道系统中,车辆系统的故障不会对轨道系统造成直接的影响,然而轨

```
*vertices 22                *matrix
VES                         0000000000000000000011
LIS                         0001111000000000000000
TRS                         1000000000000000000000
SUS                         1010001010000000000000
SB                          1011011111111111110110
SC                          1011101111110000000001
EWP                         0001110011110000001101
VAH                         1010001001110100000100
WSD                         0001111101000000000001
PSS                         1000011101111111111111
COS                         1000000000111111111110
SIS                         1000000001000001001010
AFCS                        0000000000010000100001
AFAS                        1010000001111001001101
ISCS                        1000000000000100110110
BAS                         1011001110000100000000
PIS                         0000000000000000010000
AC                          0000000000000000001111
OCC                         1000000011100000000011
ESP                         0000000000000000010000
PSD                         1000000000000000010000
BV                          1000000000000000000000
```

图 3-9 地铁系统网络 Pajek5.01 输入文件

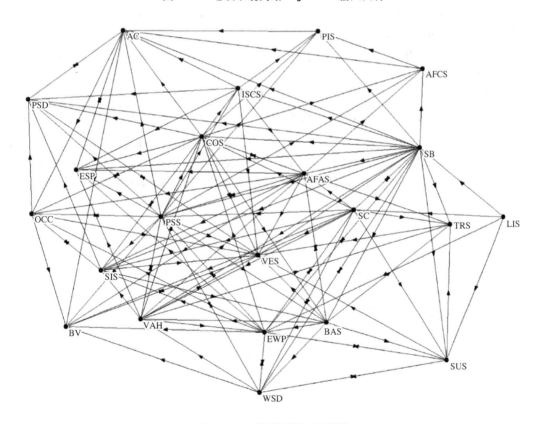

图 3-10 地铁系统拓扑模型

道系统若出现故障,列车将无法运行。对于屏蔽门系统和轨道系统,两者之间不会产生直接的影响。

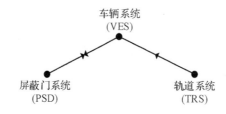

图 3-11　地铁系统拓扑结构网络分析案例说明

为了进一步了解地铁系统的安全风险拓扑性特征,了解地铁各个子系统在地铁系统安全中的表现,本研究选取并计算了地铁安全拓扑网络的三个主要参数,即网络度分布、网络接近中心性和网络的介数。

1) 网络度分布

网络的"度分布"(degree distribution)是复杂网络分析中最基本也是最具有代表性的参数。网络的度分布的数值表示连接到一个节点的边的数量。根据与节点相连的边的方向,又分为入度、出度和总度,度分布表示该子系统受到其他子系统的影响、对其他子系统的影响以及两者的总和。地铁子系统的网络的平均总程度是 12.55,这表明每个子系统可以直接连接到整个网络中的 12 或 13 个其他子系统。度分布的计算结果如图 3-12 所示。电力供应系统(PSS)的度数值最高为 23,其次是车站系统(SB)、通信系统(COS)、防火系统(AFAS)和车辆系统(VES),表示这五个子系统与其他子系统的相互依赖程度相对较高。车辆系统 VES 拥有最高的入度,数值为 14,意味着在地铁子系统网络中有 14 条路径通向 VES,说明 VES 的安全性能直接受到其他 14 个子系统的影响。由于地铁系统的主要目的是将乘客运送到目的地,地铁车辆作为乘客的载体,地铁物理系统网络(SPSN)中的任何故障都会导致其功能的损坏。车站系统(SB)的出度是 18,表示车站系统(SB)的故障可能直接影响到其他与其直接相连的 18 个子系统。在 SPSN 中,车站系统(SB)是不同子系统的交集,也是乘客和其他活动的主要空间。因此,对整个网络而言,车站系统(SB)的安全管理被认为是至关重要的。

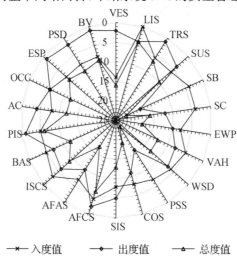

图 3-12　各子系统网络的度分布

2) 网络接近中心性

接近中心性(closeness)又被称为紧密中心性,该指标通过计算网络中某个节点与其他节点之间的距离,能够了解一个节点在整个网络中与其他节点之间的总体的接近程度[202]。Closeness 的值反映了一个节点在网络中的中心位置,而一个具有较高 closeness 值的节点则更接近于网络中的所有其他节点,同时接近中心性也分为入接近中心性(in closeness)和出接近中心性(out closeness),分别表示该节点与整个网络中心或者网络中心到该节点的容易程度。图 3-13 描述了 SPSN 的 closeness 的分布。车站系统(SB)和供电系统(PSS)是所有节点中 closeness 数值最高的,这表明 SB 和 PSS 近似处于网络的中心,这两个子系统在地铁物理系统的安全性能中占有重要的位置,对整个网络的安全表现影响最大。SB 的出中心性值约为 0.80,表示 SB 对整个地铁物理系统的影响最大。车辆系统(VES)的入接近中心性接近 0.68,表明其他系统发生的安全故障更容易传导到该系统,因此它更容易受到其他子系统的影响。分析显示,接近中心性的分析结果与度分布的结果是一致的。

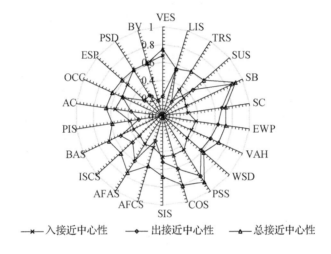

图 3-13　各子系统接近中心性的值

3) 网络的介数

介数(betweenness)是另一个验证网络中心的参数,表示在网络中经过某个点的最短路径数量,数量越多则说明该点的中介中心度越高。图 3-14 显示了地铁物理系统网络(SPSN)中各个子系统的介数的分布。门禁系统(AC)、运营控制系统(OCC)和供电系统(PSS)的介数值在整个系统中相对较高,分别为 0.30、0.29 和 0.23。这表明,AC、OCC 和 PSS 在 SPSN 的其他子系统相互作用中扮演中介角色[203]。在 SPSN 中,AC 决定了个人对地铁物理系统的可访问性。地铁的建设和运营都应由专业人员承担,而 AC 可以有效地防止未经授权的人给 SPSN 带来的风险。OCC 负责 SPSN 的日常操作。从 SPSN 收集的各类数据被报告给 OCC 进行决策,然后指令被发送到地铁系统的运行中,因此保障了地铁各项工作能够有条不紊地开展。由于 PSS 为整个地铁系统提供了动力,任何导致各子系统中的 PSS 功能损坏的事故都将影响其他子系统的能源供应,从而导致地铁其他子系统功能降低或者失效。

表 3-8 中给出了三个体现 SPSN 的中心性(度分布、接近中心性和介数中心性)中排序

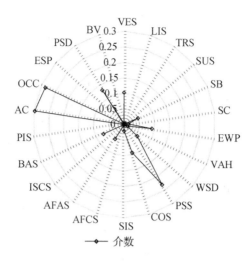

图 3-14 各子系统介数中心性

前五的子系统。结果表明,车站系统(SB)、通信系统(COS)、防火系统(AFAS)和车辆系统(VES)在等级分布中排名前五。SB 和 PSS 具有最高的接近值,门禁系统(AC)、运营控制系统(OCC)和 PSS 的值是中间的前三。在这些子系统中,供电系统(PSS)在所有三个参数中排名前三,而车站系统(SB)、通信系统(COS)、防火系统(AFAS)和车辆系统(VES)在表中出现不止一次。可以得出结论:PSS、SB、COS、AFAS 和 VES 的安全性能对 SPSN 的其他子系统具有较大的影响,而 AC、OCC 和 PSS 在风险传播中扮演着重要的角色。

表 3-8 网络分析中三个参数中排前五的子系统

排名	度分布前五名子系统	值			接近中心性前五名子系统	值			介数中心性前五名子系统	值
		出度	入度	总度		入接近中心性	出接近中心性	总接近中心性		
1	PSS	16	7	23	SB	0.29	0.87	0.91	AC	0.30
2	SB	18	4	22	PSS	0.45	0.80	0.88	OCC	0.29
3	COS	11	8	19	COS	0.46	0.62	0.81	PSS	0.23
4	EWP	10	8	18	VES	0.68	0.22	0.75	PSD	0.13
5	AFAS	10	7	17	AFAS	0.38	0.60	0.75	VES	0.10

网络分析表明,在生命周期安全管理中,地铁物理系统网络(SPSN)中各个子系统相互之间存在很强的依赖性。任何一个地铁子系统中发生的安全风险容易快速地影响其他子系统,并最终导致整个系统出现故障。分析结果表明,供电系统(PSS)、车站系统(SB)和车辆系统(VES)在安全性能方面更接近于其他子系统,这意味着这些子系统可以直接影响或受到地铁物理系统中其他子系统的影响。与此同时,门禁系统(AC)、运营控制系统(OCC)和供电系统(PSS)在不同子系统之间的故障传播中扮演着重要的角色。在一个特定的子系统中发生的故障可能会通过这些子系统迅速传播到整个网络。

网络分析揭示了地铁物理系统网络的安全特性,同时也为开展地铁工程生命期安全管理提供了系统的视角。地铁物理系统网络作为一个有机的整体,网络中的每一个子系统在生命期安全风险中表现出不同的特性。分析每一个子系统对整个系统安全管理的影响,并通过在设计工作中有针对性地提高某个子系统的韧性能够帮助提高整个系统的安全性和可靠性,为在地铁工程中开展 DFS 提供了依据和指导。

3.6 设计导致生命期安全风险的机理

通过以上分析,设计方案制定的施工方法、施工材料、临时措施、施工机械、施工人员、运营组织、永久设备以及用户(乘客)行为等设计要素决定了工程项目生命期中处于设计阶段下游的施工、运维等阶段的活动。各个设计要素中包含了生命期中与物理、人员、环境相关的险兆信息。如果险兆信息符合 DFS 规则,则该设计方案为安全的设计方案。如果该设计方案不合规,那么该设计方案为不安全的设计。一旦设计方案开始实施,不安全的设计方案中潜藏的安全风险将转变为生命期中施工或运维阶段的安全风险。因此,需要对不符合 DFS 规则的设计方案进行优化,优化后的方案则为安全的设计。对于不可优化的方案,可以在施工组织设计中通过增加临时措施的方式降低安全风险,使该设计方案转变为安全的设计方案。如果无法通过增加临时措施,则该设计方案为不安全的设计方案,需要对设计方案进行重新设计。设计方案导致安全风险的演化机理如图 3-15 所示。

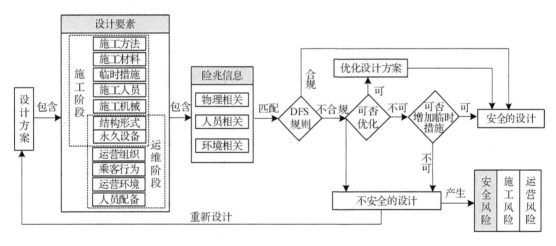

图 3-15 设计导致生命期安全风险机理

3.7 本章小结

地铁是由诸多子系统构成的复杂的巨系统,地铁设计工作对全生命期安全风险具有重大的影响。本章对构成地铁的各个子系统、地铁各设计阶段的主要工作内容、各设计阶段安全管理的主要内容、地铁设计阶段需要遵循的法律法规及标准规范等进行了简要的介绍与分析。同时,本章对地铁全生命期安全事故案例进行了分析,并利用复杂网络方法研究了地铁各子系统在生命期安全风险管理中的表现。结果显示,442 例地铁全生命期事故案例中的53.3%的案例与设计阶段具有紧密的关联,并且相比较于施工阶段受到的影响,设计阶段对运营阶段的影响更为显著。研究结果再次验证了DFS概念对地铁全生命期安全风险有重大影响以及开展DFS对降低地铁全生命期安全风险具有的重大意义。基于以上的分析,本章最后阐述了设计导致的地铁全生命期安全风险的机理。

4 基于本体的地铁工程 DFS 知识库构建

当前设计阶段开展 DFS 主要依赖于法律法规、标准规范等条文中显性的安全知识以及专家经验、事故案例中隐性的安全知识。然而在实践过程中,设计人员个人经验的不同以及设计人员对安全知识的理解存在差异阻碍了设计阶段开展 DFS。为了能够提高并统一设计人员对 DFS 知识的认知,在上一章的基础上,本章将对设计方案中影响生命期安全风险的因素进行解构,研究设计阶段安全知识,将分散的法律法规、标准规范条文中的安全知识与碎片化的安全事故案例中的安全知识有机地结合在一起,利用本体理论构建 DFS 风险本体,并利用数据库软件构建 DFS 知识库,实现 DFS 知识的高效利用。

4.1 地铁工程 DFS 安全风险本体构建

4.1.1 安全知识的表示

安全知识是开展安全管理的基础,通过将分散的、碎片化的安全知识有效地组织在一起,完整、系统地表示安全知识,能够帮助提高安全知识利用的效率。近年来,得益于知识管理理论和技术在工程建设领域安全知识管理中的应用和发展,安全知识的表示也受到越来越多的重视和研究。知识表示的方法有很多[204-205],在建设工程领域中运用较为广泛的主要有本体表示法[102-103,182,206]、自然语言法(Natural Language Processing,NLP)[207]、框架表示法[208]等。其中,NLP 和框架表示法主要被应用于案例中的安全知识表示和获得,而根据第 2 章的文献检索分析,本体表示法能够对特定领域的概念进行详细的、具体的描述[209],更加适合用来表示来自规则和案例中的安全知识。因此,本研究将运用本体表示法集成规则和案例中的安全知识,构建 DFS 风险本体,更好地展示 DFS 知识,帮助设计人员和安全管理人员更好地理解和掌握安全知识,辅助设计阶段开展 DFS 相关工作。

4.1.2 本体构建的准则、方法和建模工具

尽管本体理论已经在建设工程安全领域得到了一定的应用和研究,然而当前尚没有一个统一的准则用来规范本体的构建。国内外不同的研究学者在构建本体时尝试着提出了不同的原则,其中影响力较大的是 Gruber 于 1995 年提出来的准则[209]:

(1) 清晰性,即必须能够阐明所定义术语的意义;
(2) 一致性,即构建的本体前后应当一致,能够保证本体与定义一致时的推理;
(3) 可扩展性,构建的本体能够为可预料到的情形提供概念的基础;
(4) 编码偏好程度最小,所构建的本体与特定的符号、编码层级没有关系;
(5) 本体约定最小,构建的本体应当是最小的,能够满足对特定知识的管理需求即可。

在构建 DFS 安全风险本体中,本体构建还应当考虑以下几点[103]:

(1) 风险因素之间的关联；
(2) 设计工作的特点；
(3) 应用的 BIM 基于 IFC 的数据组织形式。

同样，现阶段在本体构建中也并未形成完整的方法体系，现有的本体构建方法如骨架法、企业建模法、KACTUS 工程法、七步法等也主要是相关研究学者在本体项目构建的实践过程中逐渐形成的方法[182]。尽管现有研究尚没有对本体构建的方法进行统一，但是前人的研究对本研究的本体构建具有指导意义。

对本体进行描述的语言主要可以分为完全非形式化语言、半形式化语言、完全形式化语言，其主要区别在于：完全形式化语言使用的是自然语言，可以类比于人与人之间的交流；完全非形式化语言通常方便应用计算机开展自动化的处理；半形式化语言则介于两者之间。由于本研究构建 DFS 本体的主要目的在于提高对设计安全知识的自动化处理水平，因此，本书将通过 RBR 和 CBR 将 DFS 知识转化为完全非形式化的语言，最终实现计算机对 DFS 知识的智能化处理。同时，在众多本体开发软件（如 protégé，Ontolingua，OntoSaurus 等）中，斯坦福大学开发的本体构建软件 protégé 具有开源、扩展性好、支持语言多（XML、RDF、OWL 等多种语言）、易于学习、方便存储等优势，成为众多学者进行本体建模优先选择的工具[102,182]。因此，本书将利用本体构建工具 protégé 和在 OWL（Web Ontology Language）基础上建立的 SWRL（Semantic Web Rule Language）本体建模语言构建 DFS 风险本体。

4.1.3 Protégé 和 SWRL 的特点

（1）Protégé 是美国斯坦福大学研究开发的本体编辑器，该工具是一款基于 Java 的开源的软件，已经被用在如工程管理、生物医学、电子商务、组织建模等多个领域。该工具已经全面支持 W3C（World Wide Web Consortium）标准中的 Web 本体语言 OWL 和 RDF（Resource Description Framework）。Protégé 通过插件（Plug-in）能够胜任从简单到复杂的本体构建，开发人员可以方便地将 Protégé 的结果与其他系统进行集成，帮助构建一个更加智能的系统。Protégé 主要通过构建类（class）、属性（property）以及实例（individual）的方式实现本体的构建。

（2）SWRL 是在 OWL 和 RuleML（Rule Markup Language）基础上发展而来的本体语言[210]。其中，OWL 是建立在描述逻辑基础上的 Web 本体语言，能够更好地定义物体的类型和属性，具有较好的机器可读性并支持推理。相较于 RDF（Resource Description Framework）语言，OWL 是被广泛运用于信息处理的语言，而 RDF 则是 Web 用以表达信息的语言。OWL 语言又分为 OWL Lite，OWL DL 和 OWL Full，这三个语言的表达能力和复杂程度依次递增。SWRL 兼具了 OWL Lite 和 OWL DL 语言对本体描述的层次性、简单性和支持推理的特点，同时具备了 RuleML 的部分特点，能够将知识和规则结合在一起，开展规则推理。

4.1.4 DFS 本体构建

在本体构建中，最为重要的两个元素分别是"概念"和"关系"[206]。在 Protégé 中，概念是由定义的类来表示，而各个类之间的关系主要通过父类（parent class）和子类（subclass）建立联系。本研究中，地铁设计工作的 DFS 本体构建符合该表达方式，如地铁子系统、地铁设计要点、地铁项目生命期活动、险兆信息、DFS 规则、DFS 建议等。因此，在对地铁子系统研究、地铁设计工作要点和安全事故分析的基础上，本研究构建了地铁工程 DFS 本体，由于篇幅有限，且地铁设计方案内容涉及面较广，因此只给出简要的本体构建框架，以快速理解地铁工程 DFS 本体结构和主要内容，如图 4-1 所示。

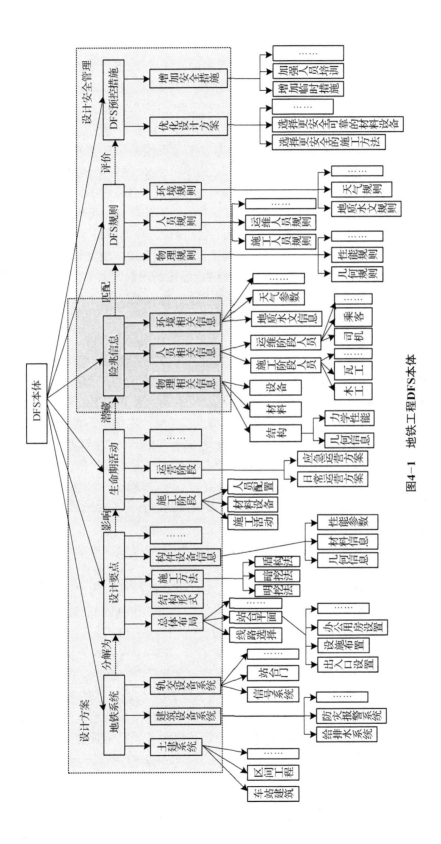

图4-1 地铁工程DFS本体

图4-1中的左上部阴影部分为地铁工程的设计流程。建设单位将地铁土建系统、建筑设备系统和轨交设备系统等各个子系统,分别交由不同的设计企业和人员完成。设计企业和设计人员在法律法规和标准规范的框架下,结合自身的设计经验,将各个子系统分解为各个设计要点进行详细设计。设计企业的设计工作完成后,施工企业将在其基础上进行深化的施工组织设计,确定施工方案,以及施工器械选型和施工材料采购。同时,在施工完成并达到城市轨道交通试运营基本条件后向运营企业交付,运营企业将结合线路实际情况制定地铁运营方案。图4-1构建的DFS本体体现了设计阶段对于地铁工程生命期的安全管理影响,主要表现在:

(1) 设计阶段决定了地铁项目的总体布局(如线路选择、站台平面布置等),各个系统的结构形式(构件的尺寸、相对位置、组成材料等)、选用的地铁各系统的设备(型号、性能)等。

(2) 为了实现设计方和项目的最终目标,保障地铁工程的顺利运营,地铁施工企业需要根据设计文件和要求开展施工和试运营活动。施工阶段需要制定科学合理的施工方法和施工进度计划,合理配置设备、材料、人员以及施工过程中所需要的辅助施工的临时设施;地铁运营企业在地铁建成并符合交付手续后,需要结合客流情况制定日常运营方案和应急运营方案。运营方案中对确保不同状态(日常运营状态、应急运营状态)下地铁运营安全、社会安全所需要的设备、人员、环境等做出了详细的规定。

如前文所述,尽管相关制度、标准、指南等为地铁生命期安全提供了保障,但仍然有相当一部分安全风险潜藏在不安全的地铁设计方案中。本研究将险兆信息的概念引入所构建的DFS本体中,并且将险兆信息分为3个类别:设计文件确定的与工程项目的物理相关信息(材料、设备等)有关的险兆信息;开展生命期活动所需要的人员以及人员的行为等信息相关的险兆信息;为了实现设计文件而面临的环境信息相关的险兆信息[135,208,211]。

同时,图4-1的左上部阴影部分展现了设计阶段开展设计安全管理的过程。由于传统设计方案中的安全风险在项目实施前都是以静态的形式停留在设计图纸中,项目生命期中实施阶段的活动尚未开展,仅仅依靠静态的图纸信息难以准确、高效地识别出潜藏在设计文件中的安全风险[51]。因此,本研究引入的安全事故险兆信息为开展地铁生命期安全风险预警提供了非常丰富的信息。

书中第3章探讨了险兆信息与设计导致的地铁生命期安全事故之间的关联,并且证实了通过分析险兆信息能够帮助有效识别设计方案中的地铁生命期安全风险。在识别出设计方案中存在的不同类别的险兆信息后,将不同类型的险兆信息与构建的DFS规则进行匹配,从而识别出设计文件中包含的安全风险。经过与DFS规则匹配后,不同险兆信息对应的安全风险都能够得到一一识别,从而帮助设计人员在设计阶段开展DFS,采取有效的DFS预控措施。例如对于可能引发安全事故的设计,则需要对设计方案进行修改和优化,如果现有状况无法对设计方案进行进一步的修改或者优化,应当在施工或者运营阶段增加临时的安全措施,以避免安全事故的发生。地铁工程DFS实践流程如图4-2所示。

设计方案中潜藏的险兆风险信息、DFS规则以及DFS预控措施是从法律法规、设计规范、标准等文件以及事故案例中总结而来的,是设计阶段开展安全管理的关键要素,三者构成了DFS知识库。DFS知识库的构建将在下一节中做详细的介绍。

4.1.5 DFS本体在Protégé中的实现

由于Protégé软件对于中文的支持较差,因此本研究在实际构建本体软件的过程中,将图

4 基于本体的地铁工程 DFS 知识库构建

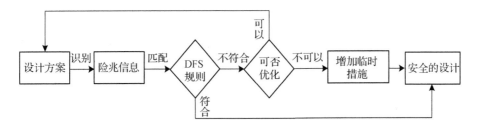

图 4‑2　DFS 在地铁工程项目中的实践流程

4‑1 中 DFS 本体的中文翻译成了对应的英文。DFS 本体软件 Protégé 中的类构建如图 4‑3 所示。

为了能够更加完整地展示 DFS 本体结构,图 4‑4 采用了星型结构而非垂直或者水平树状的形式对 DFS 本体结构进行展示(为了提高清晰度,仅截取了核心部分)。

图 4‑3　Protégé 软件中构建的 DFS 本体

45

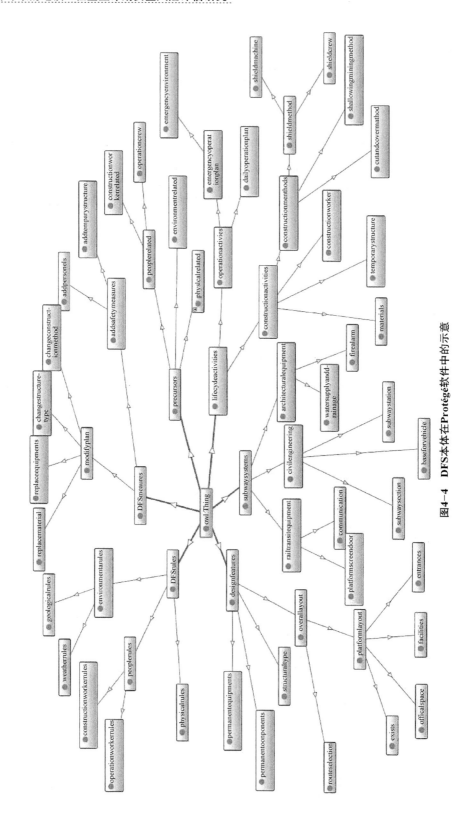

图4-4 DFS本体在Protégé软件中的示意

4.2 地铁工程 DFS 知识库构建

4.2.1 地铁工程 DFS 知识库框架

地铁工程 DFS 知识库是开展并实施 DFS 的核心,主要由构成地铁工程 DFS 的相关知识和实现 DFS 知识库功能的功能模块组成。

1) DFS 安全知识

地铁设计过程中涉及的法律法规、标准规范等文件对设计安全的规定通常是较为显性的设计安全知识,而大量的设计安全管理文件和地铁安全事故案例等则是隐性安全知识,显性安全知识和隐性安全知识共同构成了地铁工程 DFS 知识。同时,在实际地铁工程设计安全管理中,安全管理专家的知识也发挥着重要的作用。设计人员、安全管理人员自身的经历不同,他们的经验对安全设计也有着一定的影响。因此,地铁工程 DFS 知识库中的知识主要由安全法律法规、标准规范、专家知识、个人经验,以及设计导致的安全事故案例库组成,它们与地铁工程 DFS 知识的关系可以通过图 4-5 来表示。

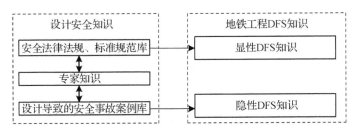

图 4-5 设计安全知识与地铁工程 DFS 知识的关系

2) DFS 知识库构建方法和功能模块

本研究在已经构建的 DFS 本体的基础上,将设计安全知识应用 DFS 本体表示,针对地铁设计阶段的显性安全规则等安全知识以及隐性的安全事故案例等安全知识,采用由规则推理(RBR)和案例推理(CBR)构成的推理机,构建统一的 DFS 知识库。图 4-6 简要描述了地铁工程 DFS 知识库的构建方法。

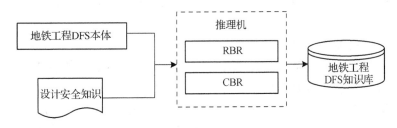

图 4-6 地铁工程 DFS 知识库的构建方法

为了实现地铁工程 DFS 知识库的功能,DFS 知识库在具备基础的知识存储功能之外,还需要具备知识查询功能、知识搜集功能、知识分析功能,这样才能实现知识的应用[25]。其中,知识查询功能是对 DFS 知识库中的 DFS 知识进行查询;知识搜集功能可以实现从大量的安全管理知识中寻找能够实施 DFS 的设计安全知识,并且对安全知识进行简单的分类,为做详细的分析做准备;知识分析功能是对搜集到的 DFS 知识尤其是隐性 DFS 知识进行处理和挖掘。从设计安全知识中提取出的 DFS 知识可以直接运用在地铁项目设计阶段。经过以上分析,DFS 知识库的整体框架和功能模块可以用图 4-7 表示。

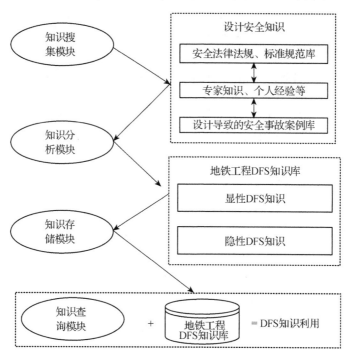

图 4-7 地铁工程 DFS 知识库整体框架和功能模块

4.2.2 基于 RBR 与 CBR 的 DFS 规则推理

地铁工程生命期中存在大量可以在辅助设计阶段开展 DFS 的知识,主要包括法律法规、规范标准等规则类的知识,以及从施工现场、日常运营中积累的案例知识等。为了充分利用显性 DFS 知识和深入挖掘隐性的 DFS 知识,需要基于规则知识和案例知识进行推理,最终得出能够帮助实践 DFS 的规则。

1) 基于 RBR 的 DFS 规则

规则推理(RBR)本质上是将已有规则通过建立索引的方式,方便后期使用过程中快速检索到所需要的规则[212]。国内外对基于规则的推理已有大量的研究,主要集中在运用新的算法提高推理的准确性和效率,如德国学者 E. Lagun 提出的增量式的概念[213]、Forgy 提出的 Reta 算法[214]、计算机专家 Looney 提出的顺向推理算法[215],以及运用模糊数学方法对规则库进行统一化,从而提高检索的效率[216-217]。通过规则推理,能够快速将法律法规、标准规范条文转化为指导设计工作的规则。

在地铁设计规则库中较为常用的规则为条件和结果的模式(if…then…模式),同时也会存在相对复杂的前置条件,如并列条件、选择条件以及否定条件的形式(对应的运算符号分别为 and,or,no)。表 4-1 给出了《地铁设计规范》对执行条文时使用的不同语言以及相应的要求。

表 4-1 安全管理规范中条文表述

序号	表达的含义	正面用词	负面用词
1	非常严格、非这样做不可	必须	严禁
2	严格、正常情况下均应这样做	应	不应、不得
3	表示允许稍有选择,条件允许时首先应当这么做	宜	不宜
4	表示有选择,在一定条件下可以做	可	—

因此,在实际设计工作中,设计人员通常会根据设计规范等条文的要求开展设计工作。如《地铁设计规范》中规定"盾构法施工的区间隧道覆土厚度不宜小于隧道外轮廓直径",因此设计人员在设计盾构隧道埋深时,需要将区间隧道埋深设计为大于隧道外轮廓直径。

2) 基于 CBR 的 DFS 规则

由于人类认知的局限性以及客观事物不断发展的特性,法律法规、标准规范条文并不能够将所有的情况都包含其中。同时,现实中发生的案例得出的经验和教训不断对已有安全规则进行补充,因此,学术界和实业界开始关注通过对案例的学习来帮助解决新的问题。案例推理已经成为人工智能领域的一项重要分支并运用在众多领域[218-220],在建设安全管理中也逐渐得到应用[135,208,221]。通过研究和分析设计导致的现场安全风险事故,得出安全设计知识并形成新的规则,从而帮助设计人员在设计工作中实践 DFS。如 Yang 等人介绍的案例中,原设计方案中中央空调设备位置过于靠近屋顶的边缘,导致工人在安装和维护设备时需要临边作业且没有足够的操作空间,因此工人面临着高处坠落的风险[222]。通过这个案例可以得出这样的规则:在设计放置位于高处平台的永久设施的时候,应当在设备和平台边缘之间留出足够多的距离,保证施工、维修人员有足够的操作空间,从而避免高处坠落事故的发生。

案例推理的过程大致可以划分为案例表达、案例检索(匹配)、案例调整、案例维护四个循环的步骤。在 CBR 系统中已经存储了已有的案例知识,当需要解决一个新问题时,需要将新的问题输入 CBR 系统中,通过与系统中已有的案例知识进行匹配,找出类似案例,并予以修正,从而得到合理的解决方案。与此同时,该案例也将被存储在案例库中,作为 CBR 案例库的一部分。在 4.1.1 节中介绍了安全知识表示的几种方式,本研究将应用本体法对设计导致的地铁生命期事故案例进行知识表达。案例检索是 CBR 系统中的重要环节,主要完成的是相似案例的查找和匹配的工作,因此案例检索的效率和准确性对整个 CBR 系统尤为关键,主要有知识引导法、神经网络法、归纳索引法以及最近相邻法等[212,220]。

归纳索引法首先归纳出案例独有的特征属性并通过其独有的特征属性将其分类,如生命期不同阶段的安全事故案例、不同子系统发生的安全事故案例等。归纳索引法又分为群索引法与结构索引法。群索引法需要将案例分为与目标案例属性相同或不同的案例群,在实际操作过程中需要再次对目标案例和整体案例库进行分类;结构索引法可以通过案例库中已有的数据结构形式(如树状、链状、网状等)进行检索。结合上文已经构建的 DFS 本体可以得出结构索引法更加适合本研究。

4.3 地铁工程 DFS 知识库在 SQL Server 中的实现

地铁工程的安全设计规则和案例为开展安全管理工作提供了大量的 DFS 知识，这些知识构成了实践 DFS 的规则。为了能够充分运用这些知识，需要构建 DFS 规则数据库对 DFS 知识进行科学的存储，同时提高使用效率，并且实现知识的不断扩充。因此，本研究将利用微软公司开发的 SQL Server 2012 数据库管理系统构建 DFS 知识库。

4.3.1 SQL Server 平台和 SQL Server 2012 的特征

SQL Server 是微软公司开发的关系型数据库管理系统软件，SQL Server 的雏形是 1988 年微软公司(Microsoft)与其他公司开发的 SQL Server 1.0 并逐渐发展为 1998 年的 SQL Server 7.0 版本。进入 2000 年之后，微软推出了 SQL Server 2000 版本，在数据库的可扩展性和可靠性上取得了巨大的提升，得到了市场的认可，并逐渐占有了 45% 以上的市场。随后分别在 2005 年和 2008 年推出了 SQL Server 2005 和 SQL Server 2008 版本，引进了新的数据类型、管理策略化应用，以及接近于自然语言的 LINQ 等查询语言，提高了数据库的安全性、易用性、便捷性等。2012 年，随着大数据、云计算等技术的兴起，为了更好地实现数据库的共享，微软公司推出了 SQL Server 2012。SQL Server 2012 能够为数据云提供数据整合服务，支持大数据等多项有助于提高数据管理和应用性能的新功能，从而实现企业数据管理的突破性提升[223]。与早期版本相比，SQL Server 2012 具备更高的可靠性、更高的智能化以及支持大数据功能等特性[224]。此外，近年来微软公司也推出了 SQL Server 2014、2016、2017 及 2019 等新的版本，提供了诸如混合云解决方案、数据管理简化等功能。由于 SQL Server 2012 提供的功能已经能够满足本研究的需求，同时现阶段 SQL Server 2012 在实际应用中更为广泛，因此本书采用 SQL Server 2012 作为构建 DFS 规则库的平台。

4.3.2 基于 SQL Server 2012 的 DFS 知识库构建

1) DFS 知识库中的数据库

数据库是 SQL Server 的核心，在 SQL Server 2012 中，数据库所包含的内容不仅是数据，还包括与数据操作相关的各种对象，如数据库关系图、表、视图、同义词、可编程性、Service Broker、存储、安全性等对象[223]。其中"表"是最常用的数据存储形式，绝大多数的数据都是以表的形式存储在数据库中，其他的数据库对象如视图、数据库关系等都是围绕着数据表而展开的。作为关系型数据库管理系统的代表，SQL Server 中所有的数据库内的数据的组织模型都是关系模型，可以通过一张张二维表格来描述。通过上文的分析可以建立地铁工程 DFS 知识库中不同的数据库，如地铁系统构成数据库(表)、设计要点数据库(表)、生命期活动数据库(表)、险兆信息数据库(表)、DFS 规则数据库(表)、DFS 方案数据库(表)及其他相关的数据表。

在 SQL Server 2012 中，数据库中数据的组织方式需要遵循一定的规范，较为常用的有第一范式、第二范式、第三范式，三种范式层层递进，分别表示不同关系模式的规范化程度[223]。第一范式要求表中的每一列或者属性都是不可分割的数据项(即对列数据的要求)；第二范式要求在满足第一范式的基础上，还要求表中的非主属性列完全依赖于主属性列(即对行数据的要求);第三范式则进一步要求各列必须依赖于主属性列(即对数据关系的要求)。以盾构始发为例,表4-2中列出了盾构始发中涉及的部分安全风险,表中存在数据冗余。首先,当往表中输入盾构始发安全风险时,需要重复输入"区间工程""盾构法""高处坠落"等信息。同时,如"车站建筑"中,通常也涉及基坑工程,因此需要多次面临基坑中的安全问题如基坑临边,如果按照表4-2记录,则需要输入多次"基坑临边"。其次,如果更改了第2条记录中的"区间工程",例如错将表4-2中高处坠落对应的地铁系统"区间工程"输入为"车站工程"或者"防水工程",则需要修改多次才能将表4-2中1、2中的"区间工程"更新。同时,这样的表格还需要满足更新(插入)和删除信息的需求,因此需要对数据存储的表格按照第三范式进行修改,分别如表4-3和表4-4所示。

表4-2 第一范式下盾构始发示例

序号	地铁系统	施工方法	生命期阶段	施工活动	险兆信息	DFS规则	风险信息	DFS方案
1	区间工程	盾构法	施工阶段	盾构井开挖	基坑临边	基坑深度大于2 m	高处坠落	基坑周边增加临时围挡
2	区间工程	盾构法	施工阶段	洞门凿除	脚手架作业	脚手架作业面高差大于2 m	高处坠落	佩戴安全绳
3	区间工程	盾构法	施工阶段	盾构吊装	盾构起吊	起吊半径内	物体打击	起重机臂半径范围实施围挡

表4-3 第三范式下地铁工程生命期风险示例表

序号	地铁系统	施工方法	生命期阶段	施工活动	险兆信息	风险信息
1	区间工程	盾构法	施工阶段	盾构井开挖	基坑临边	高处坠落
2	区间工程	盾构法	施工阶段	洞门凿除	脚手架作业	高处坠落
3	区间工程	盾构法	施工阶段	盾构吊装	盾构起吊	物体打击

表4-4 第三范式下DFS规则及措施示例表

序号	险兆信息	DFS规则	DFS方案
1	基坑临边	基坑深度大于2 m	基坑周边增加临时围挡
2	脚手架作业	脚手架作业面高差大于2 m	佩戴安全绳
3	盾构起吊	起吊半径内	起重机臂半径范围实施围挡

2) DFS知识库中数据库之间的关系

ER(Entity Relationship)图是SQL Server数据库中常用的表达数据表结构与关系的工具[223]。ER图通过图形和符号描述客观实体对象的属性与关系,因此非常简明直观。ER图中主要包括三类图:矩形表示实体,圆角矩形(或者椭圆形)表示实体的属性,菱形则用于表示判定规则。同时,在4.1.4节中构建的地铁工程DFS本体阐明了地铁工程设计阶段各个要素及其与安全风险之间的关系。因此,结合ER图和地铁工程DFS本体能够更好地组织DFS知识库(各个表)之间的结构和关系。如图4-8所示,某地铁生命期案例A中存在$m(0 \leqslant m \leqslant 3)$类险兆信息,DFS规则中存在$n(0 \leqslant n \leqslant 3)$类险兆信息。同时,物理险兆

中也包含 a 种物理险兆信息,DFS 规则中也包括 b 种 DFS 物理规则。图 4-8 中的 ER 图表明案例 A 可能包含 $m×a$ 个物理险兆,同时对应于 $n×b$ 个 DFS 规则。同样,案例 A 中存在的人员险兆、环境险兆也和 DFS 规则存在对应的关系。

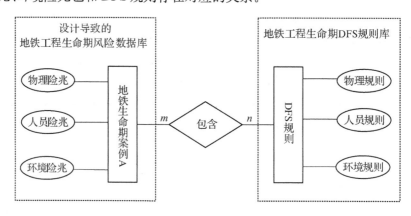

图 4-8 DFS 知识库的 ER 图

4.3.3 DFS 知识库在 SQL Server 2012 中的实现

通过图 4-8 可以发现在工程项目中开展 DFS 的关键在于:(1)高效准确地识别设计方案中容易造成生命期安全风险的潜在的险兆信息;(2)构建完整的与险兆信息相匹配的DFS 规则;(3)科学合理的 DFS 措施。其中,本章构建的 DFS 知识库既包含了险兆信息,同时也包含了 DFS 的规则和措施,是开展工程项目设计方案安全风险识别、评估的基础。图 4-9 是在 SQL Server 2012 中构建的名为 DFS knowledgebase 的知识库,其中包含了地

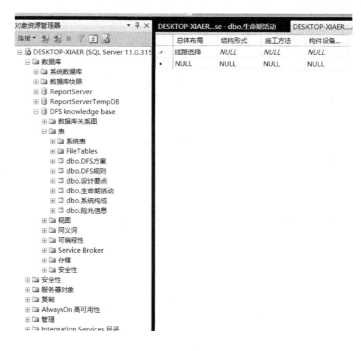

图 4-9 SQL Server 2012 中 DFS 知识库的示例

铁系统构成表、设计要点表、生命期活动表、险兆信息表、DFS 规则表、DFS 方案表。通过数据库软件 SQL Server 2012 提供的知识库存储、查询、利用等功能，可以根据构建的 DFS 本体结构查询设计方案存在的安全风险及安全管理措施。

4.4　本章小结

为了系统地表达安全设计知识，提高设计人员对 DFS 知识的认知水平和使用效率，本章首先对设计工作进行解构，分析了地铁设计过程和设计阶段安全管理流程，将设计方案按照地铁系统构成、地铁工程各个系统的设计要点、设计工作对生命期活动的影响、生命期活动中潜藏的险兆信息、与险兆信息相匹配的 DFS 规则以及对应的 DFS 方案等 6 个角度进行了分解，利用本体软件 Protégé 构建了地铁工程 DFS 本体。构建的 DFS 本体进一步细化了设计工作导致地铁工程生命期安全风险的机理。其次，本章确定了 DFS 知识库的框架，明确了 DFS 知识库的各项功能和基本组成。通过利用规则推理和案例推理两种手段，实现了对显性知识和隐性知识的充分利用。最后，本章利用微软公司开发的数据库管理软件 SQL server 2012，结合已构建的 DFS 本体，建立了 DFS 知识库。借助 SQL Server 2012 数据库软件提供的强大功能，实现 DFS 知识库存储、查询等各项功能。

5 集成 BIM 与 DFS 知识库的地铁工程设计方案安全风险识别

风险识别是安全风险管理的重要环节，DFS 知识为设计阶段开展安全风险识别工作创造了重要的基础。当前，信息化技术的快速发展和应用给工程领域提供了新的工具和方法。近年来，BIM 技术在工程安全管理中得到了广泛的应用，为安全风险识别提供了智能的方法。本章将探讨将 BIM 与 DFS 知识库集成，实现地铁工程设计方案安全风险的高效、准确识别。

5.1 基于 BIM 的安全风险识别

5.1.1 安全风险识别的原则

开展安全风险识别工作的过程中需要遵循一定的基本原则，主要有：系统全面性、分类区分性、科学实践性、动态预测性等[225]。这些原则能够帮助指导地铁工程设计方案安全风险识别工作，确保地铁生命期安全风险管理工作的顺利进行。

1) 系统全面性原则

系统全面性原则是指将地铁设计方案中对工程生命期中各个阶段的安全风险进行系统、全面的识别。只有系统全面地识别设计方案中的安全风险，才能有的放矢、精准有效地开展安全风险评估、管控等各项工作，避免由设计方案中潜藏的安全风险给其他各个阶段的生产生活带来损失。

2) 分类区分性原则

分类区分性原则是指针对地铁安全风险类型的不同、所处阶段的不同以及对生产生活安全产生的影响大小的不同等做出有效的区分。按照安全风险管理理论，日常生产生活中的每一项活动都存在一定的安全风险。因此，在开展安全风险识别过程中不仅需要完全识别出安全风险种类，同时也需要识别出不同安全风险的大小、所处阶段，这样才能够有针对性地对不同类别的安全风险采取对应的措施。

3) 科学实践性原则

科学实践性是指要以科学的理论指导风险识别工作的开展，同时开展风险识别工作也需要结合工程实践。只有以科学的理论指导风险识别才能确保风险识别的合理性、客观性，降低风险管理人员对风险识别工作的主观影响。同时，将安全识别工作紧密联系实践才能贴合于工程实际情况，更好地服务于工程应用。

4) 动态预测性原则

动态预测性原则是指在安全风险识别中需要考虑地铁安全风险的动态特性,能够提前乃至超前地识别预测潜在的安全风险。在地铁工程设计方案安全风险识别过程中,尽管呈现在二维图纸中的设计方案是以静态方式呈现出来的,但是在实施设计方案的过程中,安全风险通常是以动态的方式呈现出来的,并且设计方案导致的安全风险会对施工阶段产生影响,同时也会对运营阶段产生影响。因此,在开展地铁设计方案安全风险识别过程中,需要考虑设计方案安全风险在生命周期内演化的动态过程,实现安全风险的提前识别。

5.1.2 基于 BIM 的安全风险识别框架

目前以 CAD 图纸以及设计说明文档构成的二维设计方案情境下,在设计阶段开展安全风险识别不仅需要大量的时间,而且对从事安全风险识别工作的人员的专业知识水平要求较高,极大地耗费了人力和物力等社会资源。因此,需要采用更加高效的手段帮助设计人员、安全管理人员在设计阶段开展安全风险智能识别工作。随着 BIM 技术在建筑业的广泛应用,越来越多的工程项目要求建立工程项目的 BIM 模型。工程领域对于 BIM 技术的使用也逐渐从帮助项目各方实现工程项目建设的可视化向着更深、更广的方向发展[226]。同时,BIM 平台和技术为工程项目生命期安全管理提供了新的方法和思路。

本研究首先依据工程项目的设计文档构建工程项目的 BIM 模型,并且将工程项目生命期中的各类信息——集成到 BIM 模型中去。其次,提取 BIM 中包含的工程项目信息,作为开展安全风险识别的对象。最后,利用智能检索方法将工程项目中的信息与 DFS 知识库中储存的安全风险前兆信息进行匹配,从而实现对设计阶段安全风险的智能识别。基于 BIM 的安全风险智能识别框架如图 5-1 所示。

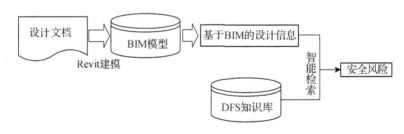

图 5-1 基于 BIM 的安全风险智能识别框架

5.2 基于 Revit 的 BIM 技术二次开发

5.2.1 BIM 的介绍

建筑信息模型(Building Information Modeling,BIM)的思想起源于 20 世纪 70 年代并逐渐受到了学术界和实业界的广泛关注。有 BIM 之父之称的美国学者 Charles Eastman 等、中国学者马智亮等,以及 McGraw-Hill、欧特克(Autodesk)等企业都对 BIM 的概念和内涵进行了研究和界定。BIM 已经从最初的 3D 模型逐渐发展为工程项目数字化的表达[226-228]。作为建筑业一项新兴的理念,BIM 的核心在于工程项目生命期过程中的项目信息共享与转换,为了更好地实现数字形式的信息的交换和共享,促进工程项目生命期中不同阶段、不同专业、不同组织之间的合作与交流,提高数据转换过程的效率和准确性[229-230],BIM必须要遵守统一的标准。目前,较为常用的数据标准为国际智能建筑联盟(Building Smart International)提出的工业基础分类(Industry Foundation Class,IFC)。

通过BIM技术在工程项目中的应用,工程项目生命期的绩效能够得到提高,如成本降低、工期缩短等。同时也有大量的研究显示,BIM技术在建筑行业的应用能够减少生命期安全事故的发生,提高安全管理水平。尤其是BIM技术为在设计阶段介入安全管理提供了新的契机和新的解决方案[41,42,231-232]。BIM技术给当前建筑业的发展带来了前所未有的机遇和挑战。各国将BIM技术在建筑业中的应用已经上升到政府层面[226]。近年来,我国各级政府也推出了大量的政策促进BIM在行业中的推广和应用[233],如2017年2月底,国务院办公厅印发的《国务院办公厅关于促进建筑业持续健康发展的意见》中强调要"加快推进建筑信息模型(BIM)在行业中的应用"。同时,北京、上海、江苏、浙江等地也出台了相应的指导意见。

5.2.2 基于Revit的BIM二次开发

BIM是建设工程项目全生命周期的数字化表达方式。工程项目的BIM模型涵盖了工程项目中的大量信息。当前,BIM技术正在从设计建模阶段向模型数据应用阶段发展,即从BIM 1.0阶段向BIM 2.0阶段发展。如何挖掘BIM中的信息以满足工程项目管理中的特定应用需求成为当前BIM技术应用的热点。同时,基于已有的BIM技术基础的二次开发得到越来越多的关注[234]。

Autodesk公司开发的BIM软件Revit是当前较为常用的BIM软件之一,基于Revit系列软件的二次开发最为常见。许多BIM软件公司也运用Revit提供的二次开发接口开发了相关应用,通过调用应用程序接口(Application Programming Interface,API)进行二次开发,如Solibri Model Checker(SMC)等。基于Revit的二次开发中,主要有外部命令(External Command)和外部应用(External Application)两种方式。曾雯琳等总结了两者的特点和区别[235],如表5-1所示。其中外部命令的形式更加方便用户使用。本书将使用外部命令的形式基于Revit二次开发。同时,Revit在后期版本中还提供了安装Revit插件管理器Add-In Manager,帮助加载外部命令。

表5-1 基于Visual Studio的Revit功能扩展方式

扩展方式	功能	描述	使用频率
外部命令 (External Command)	添加Revit命令	通过用户点击按钮启动命令	较高
外部应用 (External Application)	添加菜单、工具或其他初始化命令	启动和关闭Revit时自动运行命令	较低

5.2.3 基于Revit的BIM软件开发环境配置

Autodesk在面向商业市场的同时也提供了对应的教育版本用来支持学术研究。因此,本研究将基于Autodesk公司提供的Revit 2016版本进行BIM的二次开发工作。为了支持BIM的二次开发,Autodesk公司在Revit 2016版本中集成了Revit Software Development

Kit（SDK）。同时，基于 Revit 的 BIM 二次开发还需要软件开发平台 Microsoft Visual Studio 和软件运行平台 Microsoft.NET Framework 的支持。前者是美国微软公司研发的用于软件开发的系列产品，包含了整个软件生命期开发的大部分工具，如代码管控工具、集成开发环境（Integrated Development Environment，IDE）。而后者同样是由美国微软公司研发，用以支持开发软件运营的平台，是软件开发和程序运行的计算机环境。图 5-2 和图 5-3 分别为利用 Revit 2016 提供的 SDK 开发功能增加的 design for safety 的功能按钮，以及通过点击 design for safety 按钮后，触发程序运行，实现设定功能。

图 5-2 菜单栏中增加的 design for safety 按钮

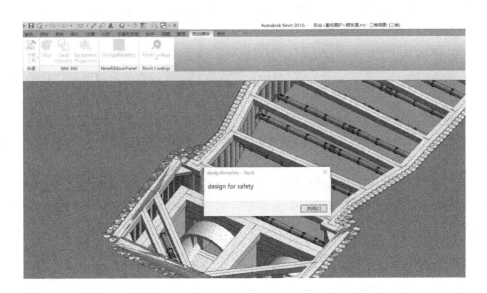

图 5-3 Revit 2016 中 add-in 加载 DFS 插件界面

5.3 集成生命期信息的地铁工程 BIM 设计方案信息的获取

5.3.1 地铁工程生命期相关信息

对地铁工程设计方案开展安全风险识别和评估等工作的前提是准确获取地铁工程设计方案的信息。现阶段设计文件依然以二维设计图纸为主，因此安全管理主要依赖于安全管理专家对二维图纸的审查以及在施工过程中识别安全风险。部分学者在二维图纸的基础上开展了地铁工程施工安全风险识别工作，如 Ding 等人探讨了在施工图纸的基础上构建安全风险识别系统,对设计图纸进行安全风险识别[51]。现阶段利用工程项目设计方案 BIM 模型开展的安全风险识别主要依赖于 BIM 模型中的构件尺寸、标高等几何信息,而对其他信息的集成不够,因此只能识别部分安全风险(如临边、高处坠落等),无法满足覆盖整个设计方案的安全风险识别。而地铁工程设计方案中蕴藏着导致地铁工程生命期安全风险的险兆信息,主要包括物理相关信息、人员相关信息、环境相关信息等。

(1) 物理相关信息。目前设计文件中主要体现的是建设工程的物理相关信息,主要包括建筑的外形,构件的几何尺寸、材料、位置等信息,设备的尺寸、位置、性能参数等信息。同时,由于运用 BIM 技术能够对工程项目设计方案进行全生命期的动态模拟,因此设计方案中物理相关信息还包括工程项目建设过程中的物理信息,如施工过程中形成孔洞的尺寸、临时设施的布置和安排等。

(2) 人员相关信息。尽管在当前的设计文件中并未对人员配置进行详细的要求[186,236],然而工程设计文件一旦确定了工程项目的物理信息也间接地决定了工程生命期中的人员配置和人员活动[237],如在地铁工程设计文件中确定采用盾构法进行区间工程的施工,则间接地确定了需要配备开挖盾构始发、接收井的相关人员,同时需要配备满足盾构施工的人员班组等。因此,可以通过读取设计文件中的构件、设备等信息获得对应的人员配置和人员活动,并依据构建 DFS 本体开展风险评估[208,237]。

(3) 环境相关信息。环境相关信息主要依赖于前期勘察设计报告中提供的数据,而勘察报告作为编制设计文件的重要依据,设计文件需要对勘察报告给出的环境信息做出响应,从而降低由于环境因素导致的工程项目生命期安全风险。如果地质勘查报告中给出的项目地下水比较丰富,水位较高,则设计文件中需要考虑提高工程防水等级,同时在编制施工组织设计时要做好水害的应对工作。因此,同样可以通过读取设计文件中构件的相关信息,从而对设计方案中由环境因素导致的潜在安全风险开展风险评估。

通过以上分析可以得知,当前的设计方案 BIM 模型中缺乏开展生命期安全风险管理需要的信息,因此需要重新构建集成生命期中各类信息的地铁设计方案 BIM 模型,这样才能够在开展安全风险工作中获取全面的信息,帮助开展设计方案安全风险识别和评估。

5.3.2 集成生命期信息的地铁工程设计方案 BIM 模型构建

由 Revit 软件绘制的设计方案中只包含了基本的图元信息,如尺寸、标高等。而对于生命期中的其他信息则需要用户根据自己的需求自行添加。Revit 2016 建模软件提供了添加工程设计方案共享参数的功能,能够帮助用户根据自己的需求给设计的要素添加需要的参数。如图 5-4 所示。

同时,用户还可以创建共享参数的参数组,用以对新建的参数进行分类。如图 5-5 构建了 DGSF(盾构始发)共享参数文件,并为参数文件分类建立了结构信息、设备信息、人员信息、环境信息等参数组,其中结构信息参数组中建立了几何尺寸、结构形式、力学性能等参数信息。而在具体的参数属性中可以对参数的类型进行具体的定义,如图 5-5 所示。

通过添加共享参数的形式,可以将地铁工程生命期中的相关信息集成到地铁工程设计方案的 BIM 模型中,为后续从设计文件的 BIM 模型中导出需要的数据信息,开展安全风险的智能识别和评估提供基础。

5 集成 BIM 与 DFS 知识库的地铁工程设计方案安全风险识别

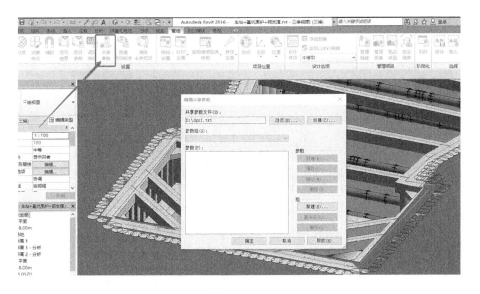

图 5-4 Revit 模型中添加共享参数的界面

图 5-5 Revit 模型中添加盾构始发不同共享参数的方法

5.3.3 Revit 数据结构

BIM 是建设项目全生命期数字化的表达方式，从 Revit 中获得特定的项目信息是利用 BIM 中的数据并实现 BIM 二次开发目的的前提，而从 Revit 中获取特定的项目信息首先需要对 Revit 中的数据结构有所了解。在 Revit 构建每一个工程项目的设计方案时，Revit 都会创建对应的 RVT 文件，RVT 文件中存储了该项目所有的数据，称之为该项目的 Revit DB(database)。元素(element)是 Revit 文档数据最重要的构成要素，用户能够看见的大部分对象均为 Revit 中的元素，元素通常对应于项目中实体的构件，比如模型中的墙、地板、屋顶，也包含一些抽象的概念如标高、轴网等[234]。图 5-6 展示了 Revit 元素中的相关类图，如族元素、模型元素、设置元素、视图元素等继承关系。

图 5-7 和图 5-8 描述了 Revit DB 中的对象以及 Revit API 中常用的类及其继承关系。Revit 中所有的对象都是从 Element 中派生而来，两张图之间的数据库对象和类存在一一对应的关系。例如 Revit 数据库对象中所有的构建类型(symbols)都包含在 symbol 的这类中，

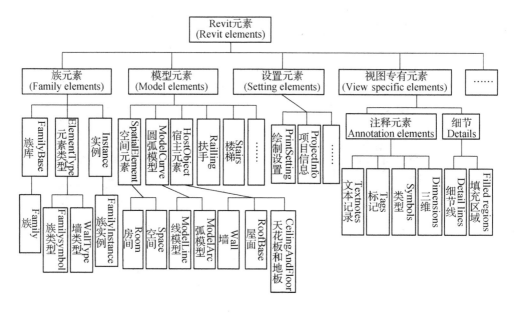

图 5-6 Revit 模型中图元及继承关系

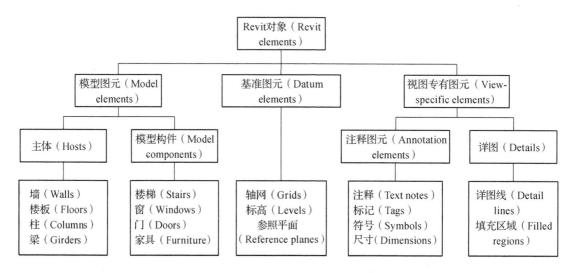

图 5-7 Revit DB 中的对象及其继承关系

而楼梯、门、窗、家具等模型构件(model components)都是从实例 instance 中派生而来[235]。

Revit 文件中的大部分元素都包含了一个唯一的 ID(identification),如墙(wall),窗户(windows)等,因此可以通过在 Revit 文件中遍历的形式查询和读取该元素。当不同的对象实例使用同一个元素,通过类名就无法识别该对象了。需要借助类别(category)来进行判断。如门(doors)和窗户(windows)共同使用一个类 Family instance,可以通过使用枚举型的 Built in category 命令创建 Element category 对其进行进一步的划分,确保每一个对象得到单独的标识。

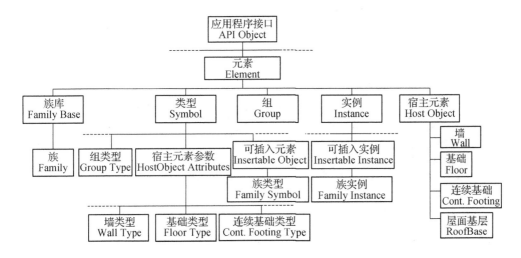

图 5-8　Revit API 中常用的类及其继承关系模型

5.3.4　基于 BIM 模型的地铁工程设计方案信息获取

分析工程项目的设计方案，不仅可以获得工程项目建成后的静态形式，同时也能了解工程项目生命期的动态施工过程和运营方式。因此，通过提取工程项目设计文件中的 BIM 模型静态及动态信息可以帮助分析地铁生命期中的安全风险。

1) 静态信息

设计文件中的静态信息主要包括建筑外观、空间布置、大小等，构件几何尺寸、材料、结构性能等，设备尺寸、性能参数等。如地铁车站平面布置，维护结构桩的截面尺寸和深度，盾构设备、电梯等设备性能参数等。

2) 动态信息

设计文件中的动态信息主要包括地铁施工阶段活动和运营阶段活动。如施工过程中的盾构机械、管片等吊装，运维过程中重大公共安全风险疏散通道信息等。

在工程项目的设计工作中，对于特殊的设计要素信息，可以通过 5.3.2 节介绍的 Revit 提供的添加"共享参数"功能，将其相关信息如尺寸、工作半径、材料强度、性能等[225]集成到 Revit 模型中对应的构件、设备中，使得设计阶段完成的 Revit 模型包含工程项目生命期中的全部信息。在此基础上，可以利用 Revit 提供的"明细表"功能（见图 5-9）导出得到 TXT 类型的设计方案设计信息。同时，通过程序将 TXT 文件中的信息写入数据库中，用于后续的安全风险检索与识别。

5.4　集成 BIM 与 DFS 知识库的安全风险识别

在工程项目的生命期中，为实现工程项目设计方案的每一项施工或运营活动都存在一定的潜在风险。依据安全风险识别原则，只有最大限度地将设计方案中的安全风险识别出来，才能实现安全风险管理的全面性和有效性。

图 5-9　Revit 提供的"明细表"功能界面

在构建工程项目的 BIM 模型时,通过将详细的设计方案集成在 BIM 模型中,使工程项目的 BIM 模型能够全面地涵盖施工阶段、运营阶段涉及的各个要素的信息,即能够最大限度地反映设计阶段对施工阶段、运营阶段的影响。同时,经过 BIM 技术的二次开发技术可以帮助准确地获得工程项目中的各类参数,如物理相关信息、人员相关信息、环境相关信息等。将BIM 模型中识别出来的三类信息与 DFS 知识库中的三类信息进行匹配,得到设计方案中潜在的安全风险,从而帮助智能化地识别设计方案中的安全风险。如 4.3 节中盾构始发的安全风险识别中,表 4-3 与表 4-4 构成了 DFS 知识库中盾构始发的部分安全风险。通过盾构始发设计方案 BIM 模型中导出的设计信息为:区间工程采用盾构法施工,在施工阶段进行盾构井开挖活动,对应基坑深度为 10.6 m(见图 7-3b)。因此,在 DFS 知识库中查询地铁系统"区间工程"、施工方法"盾构法"、施工活动"盾构井开挖"等信息,则得到该设计方案中的风险信息为"高处坠落",DFS 规则为"基坑深度大于 2 m",对应的 DFS 方案为"基坑周边增加临时围挡"。

5.5　本章小结

BIM 技术已被广泛地运用于设计阶段,设计方案的 BIM 模型中涵盖了生命期诸多要素信息。本章利用 BIM 二次开发技术实现了地铁工程生命期信息的存储、读取与使用。基于构建 DFS 本体理念,BIM 模型中设计方案中的物理信息、人员信息、环境信息是识别设计方案中安全风险的重要信息。本章通过将三类信息与已经构建的 DFS 知识库中的险兆信息进行智能匹配,实现了对地铁工程设计方案安全风险的智能识别。集成 BIM 与 DFS 知识库的地铁工程设计方案安全智能识别方法能够最大限度地减少现阶段设计方案安全识别工作对专家知识的依赖,降低人力和物力的消耗,提高安全风险识别的效率、准确性和智能化水平,为开展安全风险的评估和管控提供依据。

6 基于 FCM 的地铁工程设计方案安全风险评估

安全风险智能识别为设计阶段开展安全风险管理奠定了基础,而安全风险评估则是开展安全风险管理的重要依据。本章将根据地铁工程设计工作的特点,选用模糊认知图(Fuzzy Recognitive Map,FCM)方法,对设计方案导致的地铁工程生命期安全风险进行评估,为地铁工程有针对性地开展安全风险管理提供依据。

6.1 模糊认知图理论及构建方法

6.1.1 模糊认知图理论的概念与发展

随着现代社会科学技术的高速发展,工程组织、工程技术等构成的工程系统变得愈加的复杂。要素之间的关系已经不再为简单的线性、一一对应关系,开始呈现出强非线性、高耦合性、高复杂性的特点[238]。传统构建的关系模型如树状结构、贝叶斯网络以及马尔科夫(Markov)网络只能够反映工程系统中各个概念的部分关系,无法将各个概念之间的动态因果关系,以及系统与系统之间的作用进行模拟[239]。模糊认知图方法的发展为复杂系统建模提供了新的理论和方法。

模糊认知图是近年来新发展起来的一种软计算方法,该方法起源于 1948 年 Tolman 在心理学领域的一篇文章 *Cognitive Maps in Rats and Men* 中提及的认知图(Cognitive Map,CM)[240]。认知图是通过一系列弧把不同的概念节点连接在一起,用以表达不同概念之间的关系。随着认知图方法的不断发展,认知图的概念和方法被更多的学者采用。通过对认知图中的弧和节点赋予不同的内涵,认知图在越来越多的领域得到了广泛的应用。由 Kelly 和 Axelord 等学者倡导的传统认知图概念中,详细阐述了认知图的构成。如 Looney 认为认知图中的概念是 0 或者 1,而概念之间的关系为 +、- 或者 0[215];而 Axelord 的认知图模型则是由节点集合 C 和节点箭头集合 A 构成[241],即 $CM=\{C,A\}$。

1986 年 Kosko 将 Axelord 的认知图理论和 Zadeh 发展的模糊集理论相融合,提出了模糊认知图(Fuzzy Cognitive Map,FCM)的概念[242-243]。在 Kosko 提出的 FCM 模型中,概念之间的关系扩展到[-1,1]的区间,同时 FCM 构建的网络也是有符号、有反馈的,每个节点都具有节点状态值,节点之间连接的有向弧则表示各个节点之间的因果关系。Kosko 为模糊认知图的发展奠定了基础,一些学者在后续的研究中对 Kosko 提出的认知图模型进行了拓展研究,如定性概率网络[244]、扩展模糊认知图(Extended Fuzzy Cognitive Map)[245]、神经元认知图(Neural Cognitive Maps,NCM)[246]。同时,由于 FCM 构建的系统具有鸟瞰智能系统的能力,即其子系统具有可加性,模型中不同概念相互之间的动态因果关系明确,能够充分运用系统的先验知识与经验对系统进行模拟运算。FCM 已经逐渐发展成为一项将神经网络与模糊逻辑相结合的软计算方法,能够帮助开展定性推理和辅助决策。

6.1.2 模糊认知图数学模型与构建方法

模糊认知图的数学模型构成包括概念集合 $C=\{C_1,C_2,\cdots,C_n\}$,表示因果关系的有向弧集合 $E=\{E_1,E_2,\cdots,E_n\}$,有向弧$\langle C_i,C_j \rangle$,以及表示不同节点之间因果关系影响程度的 $W=\{w_{ij} \mid w_{ij}$ 是有向弧$\langle C_i,C_j \rangle$的权值$\}$。w_{ij} 在$[-1,1]$之间取值,取值大小表示节点 C_i 对节点 C_j 的影响程度,如果 W_{ij} 取值在$(0,1]$之间,则表示节点 C_i 对节点 C_j 有正面的影响,即 C_j 随着 C_i 的增大或者减小而相应的增大或减小。如果 W_{ij} 取值在$[-1,0)$之间,则表示节点 C_i 对节点 C_j 有反面的影响,即 C_j 随着 C_i 的增大或者减小做出相反的减小或增大。如果 $W_{ij}=0$,则说明节点 C_i 对节点 C_j 没有直接的影响,对应的弧$\langle C_i,C_j \rangle$也就不存在。FCM 的关联权重矩阵为 $n \times n$ 阶矩阵,即:

$$W_{ij} = \begin{bmatrix} \cdots & \cdots & \cdots \\ \vdots & \omega_{ij} & \vdots \\ \cdots & \cdots & \cdots \end{bmatrix} \quad (6-1)$$

每一个节点的状态随着时间或者变量的变化而产生相应的变化,在不同的 t 时刻对应着一个固定的节点状态。因此,节点状态构成了一个与自变量(t)相关的状态空间,其中 $A_i(t) \in [-1,1]$。

FCM 推理的数学模型为:

$$A_j(t+1) = f\left(\sum_{\substack{i \neq j \\ i \in S}} A_i(t) W_{ij} \right) \quad (6-2)$$

式中,$A_i(t)$ 为 t 时刻概念节点 C_i 的状态值;$A_j(t+1)$ 为结果概念节点 C_j 在 $t+1$ 时刻的状态值;S 为与 C_j 有相邻关系的概念节点下标的集合;f 为阈值函数(threshold function),常用的有二值函数、三值函数以及 S 型函数等[247-248]。

FCM 的状态空间由初始条件开始,然后通过与阈值有关的节点函数自动传播,再通过整个网络各个概念的相互作用模拟系统的动态行为,它自身相当于一个非线性的动力系统。简单模糊认知图终止于稳定状态(equilibrium status),即固定点(fixed point)或极限环(limited circle)。

模糊认知图充分利用了模糊逻辑的模糊信息处理能力,认知图因果关系的传播方法和神经网络的动态自适应特性,具有直观的知识表达能力、强大的基于数字矩阵的推理机制等优点,并能够将三者很好地结合在一起,有利于知识的合成[247]。FCM 的概念节点和连接概念节点的弧线中蕴藏着需要表述的知识,通过建立的各个节点概念之间的关系进行模拟模糊推理,通过整个认知图中概念节点的相互作用来模拟系统的动态行为。相较于神经网络模型,FCM 模型具有以下优势[247,249]:

(1) 模糊认知图中的概念节点和连接节点的弧具有很强的知识表达能力,而神经网络是一种数值框架,不能够充分表达结构知识,无法说明预测机理。

(2) 模糊认知图构建的模型符合智能行为由数据驱动的人工智能（Artificial Intelligence,AI）的发展方向，并且可以将专家知识集成到模型中用以弥补数据的不足。神经网络技术不能充分利用系统本身的专家知识，并且通常需要大量的数据。因此，对于数据难以获得且较为离散的系统，神经网络适用性较差。

(3) 模糊认知图具有优秀的可加性，不仅可以处理分布式的知识，而且可以通过知识的叠加拓展知识的范围。而神经网络不具备叠加性，因此无法胜任大型系统的学习。

(4) 模糊认知图不仅可以用于预测，而且还可以用来做敏感性分析、因果关系的解释、项目规划与决策等。而神经网络属于黑箱模型，无法实现对整个系统过程的优化。

同时，FCM方法比马尔科夫模型、一阶谓词逻辑的知识表示和推理方法在问题描述的直观性、灵活性等方面也具有明显的优势[247]。

6.1.3 模糊认知图的推理机制

模糊认知图推理的基础是 FCM 中节点的初始状态以及节点之间的因果关系矩阵 W。FCM 推理过程是从前向节点状态 $A_i(t)$ 按照节点之间的因果关系建立的关系矩阵 W 推导后项节点的状态 $A_j(t+1)$。该迭代过程一直继续，系统的状态值也形成了状态序列 $[A(0), A(1), A(3), \cdots, A(n)]$，一直到系统输出值（状态值）$A(n)$ 达到以下三个条件中的一个：

(1) 系统状态值保持在固定的数值或者稳定在某一区域范围内，即达到固定点；

(2) 系统状态呈现周期性的变化，即系统进入有限循环；

(3) 系统输出值呈现离散的、随机的、混沌的状态。

6.1.4 常见复杂结构的模糊认知图

工程系统往往是由若干个子系统按照一定的结构关系构成的复杂系统。在解决实际问题时，往往很难从一开始就能够对整个复杂系统开展研究，通常是对复杂系统中的子系统进行研究。最终通过子系统之间的关系再构建完整的复杂系统。模糊认知图方法具有良好的系统可加性，因此模糊认知图方法可以帮助对规模庞大、结构复杂的系统进行研究。根据子系统之间的结构关系，模糊认知图的结构主要有：聚合模糊认知图、层次模糊认知图以及粒模糊认知图等[247]。

6.1.5 FCM 应用在地铁设计方案安全风险评估中的优势

通过研究模糊认知图的特点以及构建模糊认知图的方法，本书将采用聚合模糊认知图方法构建地铁工程设计方案安全风险评估模型。采用模糊认知图方法的优点如下：

(1) 直观性。模糊认知图能够直观地反映受设计方案影响的各个因素以及各个因素之间在安全风险管理中的影响。

(2) 可叠加性。设计导致的地铁工程生命周期的安全风险问题是一个巨大的复杂系统，而模糊认知图能够分别对复杂系统的一部分开展研究，最后通过各个子系统间的结构关系将各个子系统进行叠加，从而实现对复杂系统完整的描述。

(3) 可拓展性。模糊认知图方法是近年来迅速发展的软计算方法，它不仅可以依赖于专家对概念进行定性的度量，同时也可以通过历史数据的推理进行系统的计算，因此具有良好的可拓展性。

（4）高反馈性。模糊认知图方法不仅可以用来对结果进行评估和预测，同时还可以用于分析各个因素变动的敏感性，因此能够将系统中的逐个问题向决策者反馈，帮助决策者有区分、有针对性地开展安全风险管理。

6.2 基于聚合FCM的地铁工程设计方案安全风险评估模型

能够真实、全面地反映地铁设计方案对全生命期安全风险的影响是建立FCM模型的关键，因此，构建地铁工程设计方案安全风险评估FCM模型首先需要确定FCM模型中的各个概念节点及其相互之间的因果关系。结合第4章构建的DFS安全风险本体，本节将讨论如何确定FCM评估模型中的概念节点和节点之间的相互关系。

6.2.1 FCM评估模型中概念节点的确定

由于设计方案对施工阶段、运营阶段的安全风险管理都有着重要的影响，如Tang等人认为安全事故的发生是由事故过程中人的行为、工作环境以及设计方案中对施工、运营任务的规划设计决定的[250]。而施工、运营任务的设计又包含了完成该任务需要的人员、设备、材料等。然而，由于现有的研究对设计方案导致安全风险的因素缺乏解构[251]，因此无法帮助高效、准确地设计安全风险识别。同时，对于地铁工程而言，在构建地铁工程设计方案安全风险评估模型时需要同时考虑施工阶段和运营阶段。而在实际地铁工程中，地铁工程施工、运营往往是分离的，现阶段对地铁安全管理的研究也分别针对施工、运营两个不同阶段[8]。因此，本研究针对施工阶段或运营阶段，结合现场实际观察以及整理相关文献分别获得各个阶段中由设计方案决定的各个因素之间的关系矩阵。

1）施工阶段

通过工程实际观察和前文的相关文献研究可以得出设计方案影响施工阶段的内容主要有：施工方法、人员配置、施工材料、临时措施、现场环境、施工机械、设备（永久）等，如表6-1所示。

表6-1 设计方案中与施工阶段相关的设计要素

序号	名称	说明
1	施工方法(C_1)	设计方案决定了施工阶段的施工方法，如隧道施工采用盾构法或明挖法等
2	人员配置1(C_2)	设计方案决定了施工阶段的人员专业要求、数量要求等
3	施工材料(C_3)	设计方案决定了施工阶段需要的建筑材料的类型、数量等
4	施工机械(C_4)	设计方案决定了施工阶段需要使用的施工机械
5	临时措施(C_5)	为了实现设计方案在施工方案中需要进行的临时措施
6	现场环境(C_6)	为了实现设计方案在施工阶段形成的现场环境，如深基坑等
7	结构形式(L_1)	设计方案决定了施工阶段所处的结构形式，如区间工程采用高架、隧道结构等
8	永久设备(L_2)	设计方案决定了施工阶段需要安装的永久设备等

2) 运营阶段

与施工阶段类似,通过现场观察以及前文的相关文献研究可以得出设计方案对运营阶段的影响主要表现在以下几个方面:运营方式、结构形式、永久设备、人员配置、乘客行为、运营环境等,如表 6-2 所示。

表 6-2 设计方案中与运营阶段相关的设计要素

序号	名称	说明
1	运营组织(O_1)	设计方案决定了运营阶段的运营方式,如运营组织、负荷等
2	人员配置2(O_2)	设计方案决定了运营阶段的人员专业要求、数量要求等
3	乘客行为(O_3)	设计方案决定了运营阶段的乘客的行为,如行走路线等
4	运营环境(O_4)	设计方案决定了运营阶段的运营环境,如空间大小、空气质量等
5	结构形式(L_1)	设计方案决定了运营阶段所处的结构形式,如区间工程采用高架、隧道结构形式等
6	永久设备(L_2)	设计方案决定了运营阶段所需要使用的永久设备等,如屏蔽门等

由于设计方案对地铁工程生命期安全风险的影响分别体现在对施工和运营两个阶段的影响,因此对整个设计方案的安全评估需要综合考虑其对施工阶段和运营阶段的影响,才能形成对设计方案的安全风险的全面、完整的评估,如图 6-1 所示。因此,本研究将聚合施工阶段、运营阶段的各个要素,通过构建聚合模糊认知图评估模型实现对设计方案安全风险的完整评估。

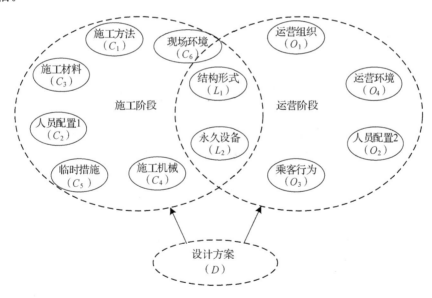

图 6-1 地铁设计方案 FCM 评估模型中的概念节点

6.2.2 FCM 模型中概念节点间因果关系的确定

如图 6-1 所示,在施工阶段,设计方案主要决定了项目的结构形式、永久使用的设备,以及为了建成设计的项目而需要采用的施工方法、选用的施工材料、配备的施工人员和施工机械等。而在实际施工过程中，以上各个要素之间也互相影响，最终反映了设计方案对施工阶段的安全风险的影响。如在设计方案中选用了确定的永久设备后，为了能够配合永久设备的使用、安装等，则需要选用对应的结构形式，如选用 A 型或者 B 型的地铁列车，列车对应的界限对结构空间的要求存在明显的不同。不同的结构形式也决定了不同的施工方法，同时不同的结构形式对施工材料的选择也提出了要求。而施工材料、施工方法、现场所使用的施工机械则决定了施工阶段的人员配置。通过对工程现场实际的观察并结合专家的意见，施工阶段的各个要素之间对安全风险的互相影响关系如图 6-2 所示。

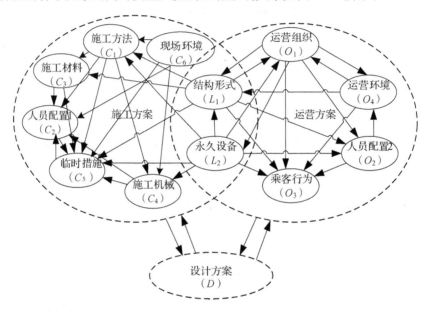

图 6-2 FCM 模型中节点间因果关系示意图

同时，建立施工阶段各个要素[施工方法(C_1)，人员配置 1(C_2)，施工材料(C_3)，施工机械(C_4)，临时措施(C_5)，结构形式(L_1)，永久设备(L_2)]之间的关系矩阵如式(6-3)所示。

$$W_C = \begin{bmatrix} 0 & \omega_{C_1 C_2} & \omega_{C_1 C_3} & \omega_{C_1 C_4} & \omega_{C_1 C_5} & 0 & 0 & 0 \\ 0 & 0 & 0 & 0 & \omega_{C_2 C_5} & 0 & 0 & 0 \\ 0 & \omega_{C_3 C_2} & 0 & 0 & \omega_{C_3 C_5} & 0 & 0 & 0 \\ 0 & \omega_{C_4 C_2} & 0 & 0 & \omega_{C_4 C_5} & 0 & 0 & 0 \\ 0 & \omega_{C_5 C_2} & 0 & 0 & 0 & 0 & 0 & 0 \\ \omega_{C_6 C_1} & 0 & 0 & \omega_{C_6 C_4} & \omega_{C_6 C_5} & 0 & 0 & 0 \\ \omega_{L_1 C_1} & 0 & \omega_{L_1 C_3} & 0 & \omega_{L_1 C_5} & 0 & 0 & 0 \\ \omega_{L_2 C_1} & 0 & 0 & \omega_{L_2 C_4} & \omega_{L_2 C_5} & 0 & \omega_{L_2 L_1} & 0 \end{bmatrix} \quad (6-3)$$

在运营阶段，设计方案决定了结构形式、永久设备、运营组织、运营环境、人员配置、乘客行为。与施工阶段相同，设计方案决定的多个元素之间同样存在相互之间的影响，最终反映了设计方案对运营阶段的安全风险的影响。如设计方案中确定了地铁项目最终的设备性能参数、结构形式等,因此,地铁中如站台空间的布局和大小也随之确定。

同时,建立运营阶段各个要素[运营组织(O_1),人员配置2(O_2),乘客行为(O_3),运营环境(O_4),结构形式(L_1),永久设备(L_2)]之间的关系矩阵如式(6-4)所示。

$$W_O = \begin{bmatrix} 0 & \omega_{O_1 O_2} & \omega_{O_1 O_3} & \omega_{O_1 O_4} & \omega_{O_1 L_1} & \omega_{O_1 L_2} \\ 0 & 0 & \omega_{O_2 O_3} & \omega_{O_2 O_4} & 0 & 0 \\ 0 & 0 & 0 & 0 & 0 & 0 \\ \omega_{O_4 O_1} & 0 & \omega_{O_4 O_3} & 0 & \omega_{O_4 L_1} & 0 \\ \omega_{L_1 O_1} & \omega_{L_1 O_2} & \omega_{L_1 O_3} & 0 & 0 & 0 \\ \omega_{L_2 O_1} & \omega_{L_2 O_2} & \omega_{L_2 O_3} & 0 & \omega_{L_2 L_1} & 0 \end{bmatrix} \quad (6-4)$$

以上分别建立了施工阶段、运营阶段内部各个要素之间的因果关系。从图6-1以及图6-2构建的节点间因果关系可以看出,施工阶段建造完成的结构和安装的永久设备将在项目完成之后继续为项目的运营提供条件,成为运营阶段影响安全管理工作的新的要素。因此,可以通过结构形式、永久设备将施工阶段、运营阶段聚合在一起,建立生命期(由于现阶段地铁主要集中在建设期和运营期,极少部分地铁进入拆除阶段)内各个要素之间的关系,从而帮助开展设计方案安全评估。

通过将施工阶段、运营阶段各个要素聚合,构建生命期内多个要素[施工方法(C_1),人员配置1(C_2),施工材料(C_3),施工机械(C_4),临时措施(C_5),现场环境(C_6),结构形式(L_1),永久设备(L_2),运营组织(O_1),人员配置2(O_2),乘客行为(O_3),运营环境(O_4)]之间的关系矩阵如式(6-5)所示。

$$W_D = \begin{bmatrix} 0 & \omega_{C_1 C_2} & \omega_{C_1 C_3} & \omega_{C_1 C_4} & \omega_{C_1 C_5} & 0 & 0 & 0 & 0 & 0 & 0 & 0 \\ 0 & 0 & 0 & 0 & \omega_{C_2 C_5} & 0 & 0 & 0 & 0 & 0 & 0 & 0 \\ 0 & \omega_{C_3 C_2} & 0 & 0 & \omega_{C_3 C_5} & 0 & 0 & 0 & 0 & 0 & 0 & 0 \\ 0 & \omega_{C_4 C_2} & 0 & 0 & \omega_{C_4 C_5} & 0 & 0 & 0 & 0 & 0 & 0 & 0 \\ 0 & \omega_{C_5 C_2} & 0 & 0 & 0 & 0 & 0 & 0 & 0 & 0 & 0 & 0 \\ \omega_{C_6 C_1} & 0 & 0 & \omega_{C_6 C_4} & \omega_{C_6 C_5} & 0 & 0 & 0 & 0 & 0 & 0 & 0 \\ \omega_{L_1 C_1} & 0 & \omega_{L_1 C_3} & 0 & \omega_{L_1 C_5} & 0 & 0 & 0 & \omega_{L_1 O_1} & \omega_{L_1 O_2} & \omega_{L_1 O_3} & 0 \\ \omega_{L_2 C_1} & 0 & 0 & \omega_{L_2 C_4} & \omega_{L_2 C_5} & 0 & \omega_{L_2 L_1} & 0 & \omega_{L_2 O_1} & \omega_{L_2 O_2} & \omega_{L_2 O_3} & 0 \\ 0 & 0 & 0 & 0 & 0 & 0 & \omega_{O_1 L_1} & \omega_{O_1 L_2} & 0 & \omega_{O_1 O_2} & \omega_{O_1 O_3} & \omega_{O_1 O_4} \\ 0 & 0 & 0 & 0 & 0 & 0 & 0 & 0 & 0 & 0 & \omega_{O_2 O_3} & \omega_{O_2 O_4} \\ 0 & 0 & 0 & 0 & 0 & 0 & 0 & 0 & 0 & 0 & 0 & 0 \\ 0 & 0 & 0 & 0 & 0 & 0 & \omega_{O_4 L_1} & 0 & \omega_{O_4 O_1} & 0 & \omega_{O_4 O_3} & 0 \end{bmatrix}$$

$$(6-5)$$

6.3 安全风险 FCM 评估模型初始值的确定方法

在针对设计方案安全风险开展的定量化研究中,当前研究主要采用的是 LEC 法,即将安全事故发生的可能性(Likelihood,L)、暴露在某一项风险中的时间(Exposure,E)和安全事故造成的损失大小(Consequence,C)进行定量化的分析。该方法通过将施工、运营等活动按照现场的生产活动进行分解,把设计方案中涉及的施工方法、结构形式、永久设备、施工材料等因素细分为现场一项项的生产活动,再通过历史数据和现场观察,结合专家知识对每一项生产活动进行评估,得到每一项生产活动的安全风险数值,最终得出设计方案的安全风险数值,实现对设计方案安全风险的评估。例如,国外学者 Hallowell 等人以浇筑混凝土模板工程设计方案为例,将设计方案对施工活动的影响一一细分为施工活动,将工程中每一项活动潜在安全风险的大小(造成的人员伤亡和经济损失)、可能发生的概率以及暴露的时间对该工程项目的安全风险进行了量化,并对普通模板、板模、滑模三种模板施工方法进行了对比[252]。Dharmapalan 等人同样采取了 LEC 的方法对一栋多层建筑的设计方案安全风险进行了量化分析。该研究中分析了完成设计方案需要开展的施工活动,各项施工活动中伴随的风险种类,并根据各类风险可能导致的安全事故的严重程度、发生概率以及完成该项施工活动所需要的时间三者的乘积对该项目的设计方案的安全风险进行了量化研究[253]。高原在此基础上,结合基坑工程的特点以及构成基坑工程的工程活动,利用 BIM 二次开发技术对基坑工程设计方案安全风险进行了量化[225]。LEC 法为安全风险定量化评估提供了可行的思路,然而由于实际建设工程是一个复杂的系统工程,生命周期涉及的工作内容、活动等繁多,同时受不同施工设计方案、人员安全水平等因素对实际安全风险的影响,现阶段 LEC 法只能针对具体的某个分项工程,如模板工程等。同时,在针对定性的安全风险评估,如环境风险、人员相关风险中无法直接使用。

尽管如此,通过构建的集成生命期信息的设计方案 BIM 模型,借用 LEC 法的思路能够帮助设计人员对工程生命期中进行的工作内容、工程量大小、需要的设备、人员活动等相关的安全风险获得更加直观的认知,因此能够帮助设计人员评估设计方案对生命期安全风险的影响。因此,本研究将利用构建的集生命期信息的 BIM 模型及导出的生命期活动明细等内容辅助确定 FCM 模型的初始值。

6.3.1 概念节点初始值的确定方法

通过第 4 章构建的 DFS 安全风险本体,可以了解各个概念节点如施工方法、结构形式、永久设备、人员配置等的详细划分和构成。同时,在考虑了施工阶段与运营阶段而构建的地铁工程设计方案 BIM 模型中包含了以上要素构成的详细信息,主要分为物理信息、人员信息、环境信息三类。因此,通过对 BIM 技术的二次开发可以导出需要的详细信息。构成各个要素的三类信息数据既有直接数据也有间接数据,如结构形式、永久设备的数量和参数等可以直接从集成在设计方案 BIM 模型中的图纸或者文档说明直接获得,而辅助施工的机械设备、施工人员、运行阶段的人员配备则需要通过施工现场人员和专家的经验获得(见表 6-3)。同时,各个要素对设计方案安全评估影响的大小也存在定量和定性的数据,如结构形式、永久设备对设计方案安全评估的影响可以通过相关的安全评估标准定量计算得到,而乘客行

6 基于FCM的地铁工程设计方案安全风险评估

为、临时措施只能通过定性的判断获得。

表6-3 概念节点中数据的类型

类型	定量数据	定性数据
直接	施工方法、结构形式、永久设备、施工材料	运营组织、运营环境
间接	机械设备、人员配置1、人员配置2	现场环境、临时措施、乘客行为

1) 基于地铁设计方案BIM模型数据的获取

施工方法、结构形式、永久设备、施工材料等定量信息可以通过设计方案构建的BIM模型直接获得。而机械设备、施工阶段的人员配备可以通过工程量和工期的要求，依照相关消耗定额确定。如某工程采用盾构法施工，拟采用盾构机数量、每个盾构机每天约掘进的距离、应当配备的人员班组等。运营阶段的人员配备可以通过查询地铁运营公司的设岗要求来确定实际需求的人数，如列车员数量、出入口安检人员数量、站台维持秩序人员数量、调度人员数量等。

由于工程项目中存在大量不确定的因素，导致存在许多无法量化的数据，如运行组织、人员需求运行环境、施工阶段的临时措施、运营阶段的乘客行为等，这些数据受到设计方案的限制无法直接获得，需要通过现场观察、专家知识、已有研究、历史案例等进行综合判断，常用的专家评估方法有德尔菲法(Delphi method)[254]等。

2) 因素初始值的确定

如图6-1所示，设计方案中影响或者体现设计方案安全风险大小的因素主要涉及施工方法(C_1)、人员配置1(C_2)、施工材料(C_3)、施工机械(C_4)、临时措施(C_5)、现场环境(C_6)、结构形式(L_1)、永久设备(L_2)、运营组织(O_1)、人员配置2(O_2)、乘客行为(O_3)、运营环境(O_4)。

通过邀请专家评分的方式给设计对选定因素产生的安全风险进行李克特5级量表评估，评估表及对应语义说明如表6-4所示，其中1表示安全风险极低，9代表安全风险极高，处于两者之间的得分对应的语义也表示风险值处于两者之间。

3) 模糊化处理

模糊数学是研究和处理事务或者系统模糊性现象的科学，最早于1965年由美国控制论专家L. A. Zadeh提出[255]，主要是为了解决在对实际问题描述过程中"非此即彼"边界界限模糊不清的问题。产生该问题的原因并非完全由于人的主观特性，而是由于事物本身的一种特性，如在安全管理中专家对安全风险的判断，尽管安全专家具有丰富的经验，但是对于具体因素的安全风险的大小并没有明确的节点，从而导致了安全风险边界的不确定性[201,256]。

对评估数据进行模糊化处理主要需要通过数据的模糊化和解模糊化两个过程。其中常用的隶属度函数有三角函数、梯形函数、矩形函数、Z型函数、高斯型函数以及S型函数等。本书将采用三角模糊函数对数据进行模糊化处理[201]，而将模糊化的数据集合转化为确定大小的数值的过程称之为解模糊，常用的解模糊方法有重心法、全积分值算法、平均最大法、极左(右)最大法等[256]。由于重心法计算有具体的公式可以遵循，在理论解释中也更为科学合理，因此本研究将采用重心法对专家评定的语义进行解模糊化。三角模糊函数对专家语义进行模糊化处理的原理如图6-3所示。

表6-4 李克特5级量表

序号	影响生命期安全风险的因素	安全风险大小					得分
		极低	较低	一般	较高	极高	
1	施工方法(C_1)	1	3	5	7	9	—
2	人员配置1(C_2)	1	3	5	7	9	—
3	施工材料(C_3)	1	3	5	7	9	—
4	施工机械(C_4)	1	3	5	7	9	—
5	临时措施(C_5)	1	3	5	5	9	—
6	现场环境(C_6)	1	3	5	5	9	—
7	结构形式(L_1)	1	3	5	5	9	—
8	永久设备(L_2)	1	3	5	5	9	—
9	运营组织(O_1)	1	3	5	5	9	—
10	人员配置2(O_2)	1	3	5	5	9	—
11	乘客行为(O_3)	1	3	5	5	9	—
12	运营环境(O_4)	1	3	5	5	9	—

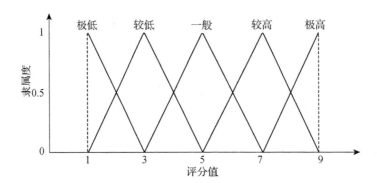

图6-3 三角模糊函数语义隶属度评估标准

式(6-6)解释了重心法解模糊化的原理。

$$z = \frac{\int \mu(x) z \mathrm{d}z}{\int \mu(x) \mathrm{d}z} \tag{6-6}$$

为了对评估过程进行简化,默认专家之间的权重相同,最终的某个节点值取所有专家对该节点值模糊化后的加权平均值。

6.3.2 因果关系强度大小的确定方法

概念节点因果关系强度反映了前项节点对后项节点安全风险的影响强弱。在现有的研究中,Deng等人研究了地铁物理系统对运营安全脆弱性的影响[257]。Xiahou等通过对地铁设计规范的分析,利用复杂网络理论分析了设计方案影响的各个系统对地铁生命期安全风险的影响[10]。相关的研究为FCM评估模型中的概念节点之间对地铁生命期安全风险影响的强度提供了重要的参考。在实际操作中,判断模糊认知图中节点(概念)与节点之间是否存在相互关系可以通过实际观察法或者邀请专家进行判断。节点与节点之间的因果关系强度的确定主要有两种方法:第一种是数据挖掘法。数据挖掘法主要依赖大量的历史数据,通过对历史数据的整理和训练可以获得两个节点之间的强度大小,如通过施工现场的历史数据确定采用盾构方法对人员安全的影响强度。第二种是专家法。专家法是指通过咨询该领域的专家,充分利用专家对该领域的专家知识,由专家给出节点之间相互因果关系强度的值。由于目前国内尚未形成公开的地铁工程生命期安全风险数据库,同时本研究现阶段搜集的案例分布在地铁不同的子系统中,案例数据尚无法支撑数据挖掘,无法通过挖掘历史安全事故的数据获得节点间因果关系的强度。因此,本研究将借助于专家知识,通过咨询相关专业的专家,利用专家在地铁设计、施工、运营等生命期各阶段安全管理的知识,获得概念节点因果关系强度值。节点间因果关系强度在[0,1]之间取值,其中0表示没有影响,1表示影响强度最高,两个数值之间的数值表示关系强度的语义说明如表6-5所示。

表6-5 关系强度大小语义集

数值	0.1	0.3	0.5	0.7	0.9
对应语义	极弱	较弱	一般	较强	极强

同时,为了满足概念节点间的关系强度符合$w_{ij} \in [-1,1]$的要求,需要对调查获得的关系强度数据进行模糊化处理,可以采用公式(6-7)对单个专家的打分进行处理得到概念节点间的权重w_{ij}。

$$w_{ij} = \frac{\sum_n \frac{w_{ij} - \min(w_{ij})}{\max(w_{ij}) - \min(w_{ij})}}{n} \quad (6-7)$$

式中,w_{ij}为单个专家给出的前项节点对后项节点的影响;n为参加调查的专家的人数。

6.3.3 基于NHL改进的设计方案安全风险FCM评估模型

为了增强评估模型的客观性,更加真实地体现各个因素对整个设计方案安全风险的影响程度,以及不同因素相互之间的影响,需要对已经构建的FCM进行修正。

Hebbian规则是一种加权学习规则,它按照某个确定的规则或者函数进行不断的迭代计算,当迭代过程达到一个稳定的状态,即迭代的计算值达到固定值、周期性数值或者混沌状态时则计算停止[247]。当前对FCM模型计算的方法主要有基于Hebbian的计算方法、基于粒子群的学习方法等。本书将采用非线性Hebbian学习(Noneliner Hebbian Learning,NHL)方法对构建的地铁工程设计方案安全风险评估模型进行修正和完善。

在 FCM 模型中,任意的概念节点都可以作为模型的输入和输出。因此,需要专家根据需要解决的实际问题选定输出概念(Desired Output Concepts,DOCs),用以代表系统的最终状态。在本研究中,设计方案的整体安全风险值,即全部节点反映了设计方案的系统风险,因此所有节点均为本模型的输出。由于每一个节点都反映了设计方案对生命期安全的影响,因此每一个节点既是输入也是输出。FCM 的计算中,要求构建的 FCM 模型中所有概念节点在每步迭代都被触发并且改变其值,最终通过训练达到模型的稳定状态。

NHL 算法的迭代推理原理如式(6-8)所示:即某概念节点 C_i 的值 $A_i(k+1)$ 是根据 C_i 节点在 k 步时自身值的大小,以及其他关联节点的状态值经过第 $k+1$ 步迭代推理得到。

$$A_i(k+1) = f(A_i(k)) + \sum_{j \neq i, j=1}^{N} A_j(k)\omega_{ji}(k) \tag{6-8}$$

式中,$f(x)$ 为激活函数,常用的有 S 型函数以及式(6-9),参照 Zhang 等人针对地铁工程安全风险 FCM 的研究[248],本研究的激活函数 $f(x)$ 选取式(6-9)作为非线性激活函数:

$$f(x) = \frac{e^{\lambda x} - e^{-\lambda x}}{e^{\lambda x} + e^{-\lambda x}} \tag{6-9}$$

由于现阶段初始矩阵中的数据主要依赖专家调查获取,为了避免数据的主观性,在计算中需要对数据进行模糊化处理。同时,对初始矩阵数据模糊化处理还能够帮助提高评估模型计算的稳定性。

$$\omega_{ji}^{(k+1)} = \gamma \omega_{ji}^k + \eta A_i^{(k)}[A_i^{(k)} - \text{sgn}(\omega_{ji})\omega_{ji}^{(k)} A_i^{(k)}] \tag{6-10}$$

式中,γ 为权值的衰减因子,需要根据实际情况取值,通常在[0.9,1]之间取值;η 是学习训练速率参数,通常取值范围为(0,0.1]。

利用 NHL 法对模型迭代和计算的主要过程如图 6-4 所示。

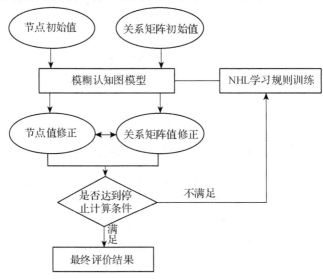

图 6-4　FCM 评估模型计算过程

第一步,进行节点初始值 $A(0)$、关系矩阵初始值 $W(0)$ 的确定;

第二步,将初始值输入构建的模糊认知图模型;

第三步,对节点值和关系矩阵进行修正,帮助提高模型计算的稳定性;

第四步,判断是否达到计算条件,如果满足条件,则为评估模型计算获得的最终结果;如果不满足,则利用 NHL 规则继续训练迭代计算。

6.4 本章小结

本章通过研究设计阶段对施工阶段、运营阶段的影响,确定了地铁生命期中的受设计方案影响较为显著的施工方法、人员配置、施工材料等作为反映设计方案安全风险程度的因素,并构建了地铁工程设计方案生命期安全风险评估 FCM 模型。同时,结合地铁设计方案和模型数据特点,明确了概念节点和节点间关系初始值的确定方法。最后,为了降低评估模型的主观性,本章采用 NHL 规则对设计方案生命期安全风险 FCM 评估模型进行了修正,提高了评估模型的客观性和稳定性。本章将模糊认知图方法引入设计导致的地铁工程全生命期安全风险评估中,为开展设计方案安全风险评估提供了新的思路和方法。在第 8 章中,本书将结合实际的案例,利用构建的评估模型开展设计导致的地铁工程生命期安全风险评估。

7 某区间工程盾构始发设计方案安全风险评估

本章将通过具体案例研究,进一步验证前文中构建的安全风险识别与评估理论与方法。案例研究对象为某区间工程盾构始发阶段的设计方案。通过对案例的分析,构建案例设计方案的DFS本体,对案例设计方案中的安全风险进行智能识别与评估,并给出设计阶段开展DFS的要点,最后将对本章进行简要的小结。

7.1 案例背景

7.1.1 工程概况

工程为南京地铁宁溧线某标段,标段为地铁区间工程的地上地下过渡段,标段包括一个盾构区间以及一个明挖区间。明挖区间总长度447.2 m,其中明挖暗埋段长137.2 m(含接收端头井),敞开段长310 m。盾构区间右线全长983.617 m,左线全长972.618 m,最大纵坡为28‰,最小纵坡为4‰,盾构区间覆土厚度为10~15 m,最小埋深约为6 m,共设有一处联络通道。工程概况如图7-1所示。

7.1.2 水文地质条件

拟建区间属岗地及岗间洼地和古秦淮河冲积平原地貌单元,地形总体较平坦,局部起伏较大,地面高程约为4~13 m。

明挖区间基坑开挖范围内涉及土层分别为:①填土、②-1b2-3粉质黏土、②-1d-c3-4粉砂夹粉土、②-2b4淤泥质粉质黏土、②-3b2-3粉质黏土、④-1b1-2粉质黏土、J3L-3b中风化安山岩。上述②-2b4淤泥质粉质黏土土体自立性较差,土体易发生位移,流泥现象。明挖段里程YDK4+170~YDK4+264.42,YDK4+400.55~YDK4+505.88底板主要位于②-2b4淤泥质粉质黏土、②-3b2-3粉质黏土中,设计有三轴深搅桩地基加固。

盾构井与明挖段部分基坑穿越天恒垂钓中心鱼塘,需对鱼塘进行清淤、换填处理。

盾构区间穿越地层主要为:②-2b4淤泥质粉质黏土、②-1b2-3粉质黏土,土质状态介于软土和可塑粉质黏土之间;④-1b1-2粉质黏土,土质状态为可塑和硬塑之间;J3L-2b强风化安山岩,J3L-3b中风化安山岩。存在穿越上软下硬的土岩复合地层及穿越软土等情况。

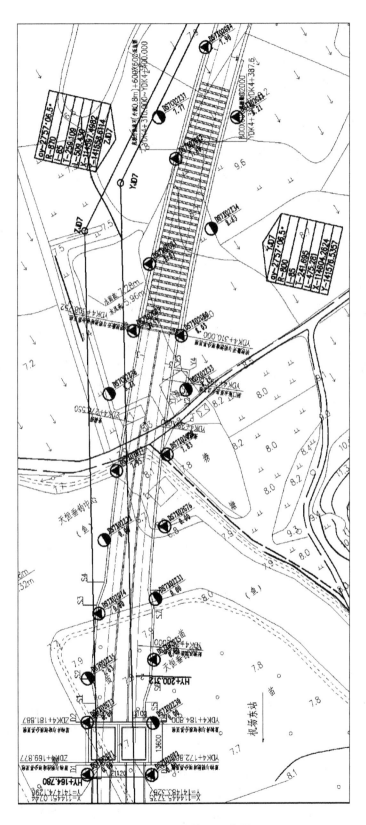

图 7-1 工程概况示意图

主要土层分布及特征描述见《附表1　区间工程地质层分布与特征描述》及图7-2。

该区间场地地下水主要为孔隙潜水,主要分布于古秦淮河冲积平原和岗间洼地段,其孔隙潜水主要赋存于杂填土、素填土和粉砂夹粉土中,为统一含水层。该层富水性一般,透水性较强,与地表水的水力联系较为密切,大气降水和地表水径流为主要补给来源。

场地底部基岩主要为含角砾凝灰岩、安山岩和凝灰质泥质粉砂岩,其中破碎状含角砾凝灰岩、凝灰质泥质粉砂岩和安山岩裂隙较发育,裂隙贯通性较好,在钻探过程中局部存在严重漏水现象;完整中风化含角砾凝灰岩、安山岩和凝灰质泥质粉砂岩裂隙不甚发育或多呈紧密闭合状,裂隙连通性差,含水微弱。

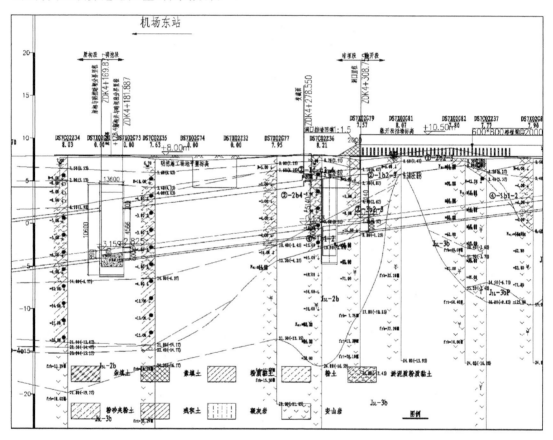

图7-2　地质层分布与特征

7.1.3　工程周边环境

由于工程位于城市郊区,周边无高大、密集建筑。工程明挖范围内有池塘、山坡和树林。其中,池塘对于开挖过程中的安全管理具有较大的影响,需要在设计和施工中予以重点关注。

尽管该工程地铁区间工程涉及的设计工作庞大,但是区间盾构段的设计方案(结构设计)重复度较高,同时明挖段部分如垂直支护段、放坡开挖段属于传统的(深)基坑工程,相关的设计方案和安全风险管理研究较多、较为成熟。为了突出地铁工程和地铁工程安全风险的特点,本书将选取该工程中的盾构始发井部分的设计方案作为研究对象,开展盾构始发设计方案安全风险评估。该设计方案主要特征以及选取其作为案例分析对象的主要原因有:

(1) 盾构始发设计方案包含了完整的盾构井结构设计方案和盾构始发施工组织设计方案,能够充分体现设计方案对地铁生命期其他阶段安全管理工作的动态影响。

(2) 盾构始发设计方案具备典型的地铁工程安全风险特征。选取的盾构始发设计方案中包括了复杂的物理系统(复杂的结构设计、机械设备等)和复杂的环境,以及复杂的人员安排。

(3) 盾构始发设计方案是地铁区间工程盾构法施工中风险较高的部分。地铁工程盾构法施工中,盾构设备的始发和到达阶段是安全风险较高的专项工程,该部分的设计方案要求较高,设计方案更为细化。同时需要组织专家对设计图纸、施工组织设计方案等的安全风险进行详尽的专家论证。在开展本书研究的过程中,作者全程参与了本项目的盾构始发方案安全专项专家论证。因此,选取该工程中的盾构始发的设计方案能够较好地支撑本研究。

7.2 盾构始发设计方案

7.2.1 设计范围、依据和原则

1) 设计范围

由于本研究确定将盾构始发作为研究对象,因此,将该工程设计文件中与盾构始发联系相对紧密的内容确定为本案例研究的设计范围,具体设计内容可以分为盾构始发井的设计方案和盾构始发的施工组织设计两个部分。

2) 设计依据

该工程设计依据主要有政府批复文件、项目合同文件、可行性研究报告、勘察设计报告、地震安全性评估报告、地质灾害危险性评估报告、水文分析报告、防洪评估报告修订稿、工程地下管线图,以及相关审查回复函等文件。

3) 设计原则

(1) 结构设计分别按施工阶段和使用阶段进行强度、变形、稳定性等计算,并进行裂缝宽度验算,同时满足结构耐久性要求。当涉及地震或其他偶然荷载作用时可不验算结构的裂缝宽度。

(2) 结构的净空尺寸除满足建筑限界、设备限界和建筑设计要求外,尚应考虑施工误差、测量误差、设备安装、结构变形以及施工工艺的要求。其值可根据地质条件、埋设深度、荷载、结构类型、施工工序等条件并参照类似工程的实测值加以确定。

(3) 地下结构具有战时防护功能并做好平战转换。在规定的设防部位,结构设计按6级人防的抗力标准进行验算,并设置相应的防护措施。

7.2.2 盾构始发井结构设计方案

该工程盾构隧道分为左、右两个隧道,单个隧道采用单圆盾构法施工。因此盾构井分为左右两部分,分别为左盾构井和右盾构井。盾构井的结构设计图分别如图7-3a和图7-3b所示。左侧盾构井现场图如图7-3c所示。

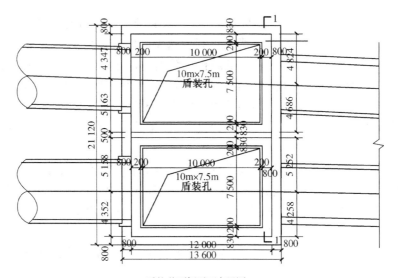

图 7-3a 盾构井平面布置图

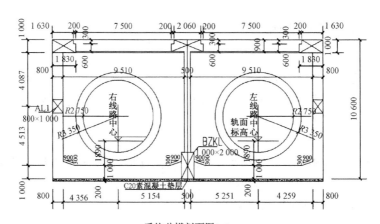

图 7-3b 盾构井横剖面图

图 7-3c 左侧盾构井现场图

7.2.3 盾构始发井施工组织设计方案

1) 区间工程施工步序

图 7-4 说明了区间工程的施工步序，其中盾构井基坑部分采用明挖法先开挖。开挖完毕后进行盾构井的施工和盾构始发的准备工作。

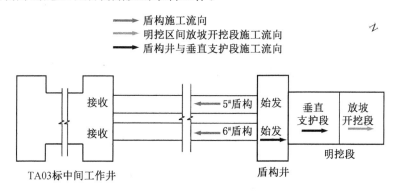

图 7-4 区间工程施工步序

2) 基坑施工步序

基坑施工步序如图 7-5 所示。其中盾构井主体支撑第一道为混凝土支撑，第二至第四道为直径 Φ609(厚度 $t=16$ mm)钢管支撑，外加设一道 Φ609(厚度 $t=16$ mm)钢管换撑。

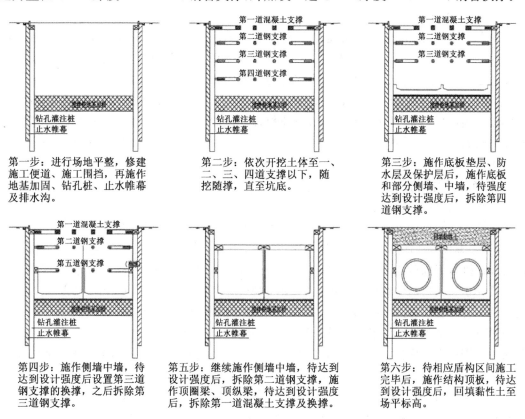

图 7-5 基坑施工步序

3) 盾构吊装顺序

该工程盾构吊装的步骤如图7-6所示,图7-7详细介绍了盾构设备吊装情况。盾构设备分为后配套拖车、设备桥、主机拆分后的部件等,依次进场后进行吊装。吊装设备为500 t汽车吊机一台,150 t汽车吊机一台,150 t液压千斤顶两台,小型泵站一台,以及相应的吊具、机具、工具。

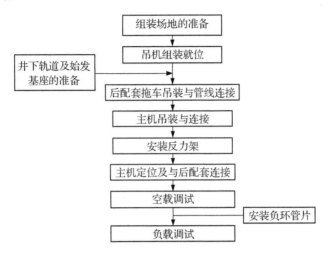

图7-6 吊装工程步骤

4) 反力架安装

反力架是盾构始发时为盾构提供反推力的钢构件。进行盾构反力架形式的设计时,以盾构的最大推力及盾构工作井轴线与隧道设计轴线的关系为设计依据。在盾体与后配套设备连接之前,进行反力架的安装,反力架通过预埋件与底板结构连接起来。反力架预制成形后,吊入盾构井,由测量给出轴线位置及高程,进行加固。反力架底板与预埋件结构底板钢板焊接连接,水平方向通过水平支撑和斜支撑加固,水平方向加5道水平支撑,斜支撑安装在反力架的立柱上,采用直径Φ609的钢管支撑,每边布置两根。如图7-8所示为反力架立面图。

5) 负环管片安装

负环采用整环错缝拼装,目的是提高管片的成圆度和管片安装时的安全,环数为9环,初始环插入结构内600 mm。负环混凝土管片拼装由盾构举重臂在盾尾内按顺序拼装成型,用连接螺栓连接固定。在安装负环管片之前,为保证负环管片不破坏盾尾尾刷、保证负环管片在拼装好以后能顺利向后推进,在盾壳内安设厚度不小于盾尾间隙的方木(或型钢),以使管片在盾壳内的位置得到保证,第一环负环管片拼装成圆后,用4~5组油缸完成管片的后移。管片在后移过程中,要严格控制每组推进油缸的行程,保证每组推进油缸的行程差小于10 mm。在管片的后移过程中,要注意不要使管片从盾壳内的方木(或型钢)上滑落。每拼一环管片由千斤顶推出盾尾,及时垫实管片与导轨之间的间隙,并用钢丝绳把负环管片与始发基座捆绑牢固,直至盾构处于出洞前位置。

盾构出洞时,由于基准导轨与前方加固土体之间有一定的间隙(即盾构始发井内衬、围护结构厚度加施工间隙),为保证盾构安全及准确出洞,在洞圈内安装两根导向接长轨道,安

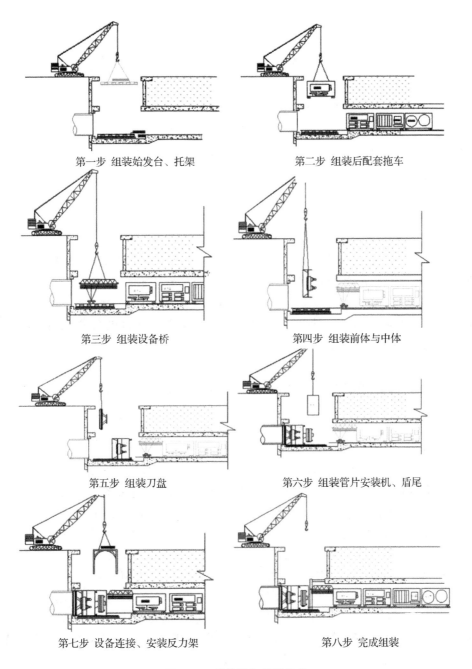

第一步 组装始发台、托架　　　第二步 组装后配套拖车

第三步 组装设备桥　　　第四步 组装前体与中体

第五步 组装刀盘　　　第六步 组装管片安装机、盾尾

第七步 设备连接、安装反力架　　　第八步 完成组装

图 7-7 盾构设备吊装细节

装倾角位置与基准导轨一致。

6）洞门密封装置的安装

由于洞口与盾构（或衬砌）存在建筑空隙，易造成泥水流失，从而引起地表沉降，因此，需在洞口拼装进洞装置，进洞装置包括帘布橡胶板、圆环板、扇形板及相应的连接螺栓和垫圈。拼装前需对帘布橡胶板上所开螺孔位置、尺寸进行复核，确保其与洞圈上预留螺孔位置一致，并用螺丝攻清理螺孔内螺纹。拼装顺序为帘布橡胶板—圆形板—扇形板，自上而下进

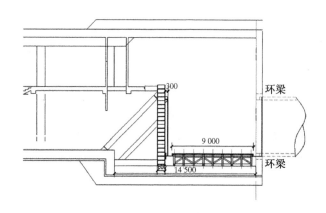

图 7-8 反力架立面图

行。拼装时圆形板的压板螺栓应可靠拧紧,使帘布橡胶板紧贴洞门,防止盾构进洞后同步注浆浆液泄漏,同时将扇形板向洞内翻入。当盾构刀盘进入洞口时,调整扇形板至盾构外壳的距离为 10 mm 左右,盾构的壳体将橡胶帘布及扇形钢板顶入并向内弯曲。当盾尾钢丝刷刚进入洞口露出管片时,再调整扇形板,使其落在管片上。待初始掘进完成后拆除橡胶帘布。

7) 洞门围护桩凿除

(1) 脚手架的搭设

盾构工作井围护结构为钻孔灌注桩,出洞前需凿除洞圈内的钢筋混凝土。施工前,在洞圈内搭设钢管脚手架,对洞门加固土体进行钻芯取样,检测土体的加固强度是否达到设计要求,如果未达到强度要求,则采用注浆进行补加固。

(2) 洞门混凝土的凿除

凿除混凝土时,先暴露出内排钢筋,割去内排钢筋,按照分块顺序凿除洞圈内混凝土,凿至外排钢筋并保留外排钢筋,落在洞圈底部的混凝土碎块应清理干净,然后按照先下后上的顺序逐块割除外排钢筋,并将剩余混凝土块吊出端头井,清理剩余残渣。

(3) 洞门凿除注意事项

洞门围护结构凿除前,必须复核洞门中心坐标及高程,保证满足盾构机出洞的要求,洞门围护结构混凝土采用高压风镐凿除,凿除工作分两次进行,先凿除围护结构顶外侧 3/4 墙厚的混凝土,用乙炔焊切断钢筋,预留安装钢丝绳的位置,保证该位置应有主筋和箍筋,以便使吊点牢固;准备吊出时即可切断围护结构内侧钢筋,钢筋切割顺序为先墙底,后墙顶;用手动葫芦将洞门圈内的钢筋混凝土从两侧到中间依次吊出,部分较大结构可分为两截吊出。

洞门凿除要连续施工,尽量缩短作业时间,以减少正面土体的暴露时间。整个作业过程中,由专职安全员进行全过程监督,杜绝安全事故隐患,确保人身安全,同时应对洞口上的密封装置做跟踪检查,以免吊装时撞坏密封装置。洞门破除示意图参见图 7-9。图 7-9 中工人正在凿除盾构洞门上的钢筋。

8) 主要机械设备配置

表 7-1 给出了该工程主要使用到的设备情况。

图 7-9 洞门破除示意图

表 7-1 工程机械明细表

序号	名称	数量	型号
1	复合式土压平衡盾构机	2	德国海瑞克 Φ6.41 m
2	排污泵	6	IST-20
3	水冷却系统	2	—
4	电动空压机	4	ALUPCK76
5	门吊	2	45t
6	电瓶车	6	JXK45
7	机车蓄电池	12	6VBS600
8	充电机	6	KCA100/380
9	碴车	9	18 m³
10	管片运输车	6	—
11	砂浆运输车	3	SJ6B
12	砂浆搅拌站	3	JS500A
13	泥浆搅拌机	3	UJ200
14	装载机	3	ZL40B
15	挖掘机	2	
16	自卸车	9	
17	运输平板货车	3	—
18	履带吊	1	450 t
19	履带吊	1	130 t
20	汽车吊	1	40 t

续 表

序号	名称	数量	型号
21	门吊	2	15 t
22	平板车	3	40 t
23	货运卡车	3	EQ 1130F
24	卷扬机	6	5 t
25	千斤顶	6	150 t
26	螺旋千斤顶	6	30 t
27	风动扳手	6	T2312
28	钻机	3	SD-205
29	双壁反循环钻机	3	MGY-100
30	真空泵	9	JSJ-60
31	注浆泵	3	FBY-50/70
32	注浆泵	3	ZEB-02
33	灰浆搅拌机	3	HJ500
34	水泵	2	IS125-150-400
35	水泵	2	IS125-150-200C
36	真空泵	2	—
37	钻机	1	MK-50
38	钻机	1	XY-2
39	预应力支架	6	—
40	喷浆机	2	
41	插入式振捣器	3	
42	发电机	2	400 kW
43	洒水车	2	—
44	轴流风机	3	37 kW

9）劳动力配置

表 7-2 给出了该设计方案中预计的人员配置和使用情况。

综上所述，盾构始发掘进技术要点主要有以下几点：

（1）在盾尾壳体内安装管片支撑垫块，为管片在盾尾内的定位做好准备。

（2）安装前，在盾尾内侧标出第一环管片的位置和封顶块的位置，然后从下至上安装第一环管片，安装时要注意使管片的位置与设计方案中标出的位置之间的角度一定要符合设计要求，换算成位置误差不能超过 10 mm。

（3）安装拱部的管片时，由于管片支撑不足，要及时加固。

（4）9 环负环管片拼装完成后，用推进油缸把管片推出盾尾，并施加一定的推力把管片压紧在反力架上,即可开始下一环管片的安装。

(5)管片在被推出盾尾时,要及时进行支撑加固,防止管片下沉或失圆。同时也要考虑到盾构推进时可能产生的偏心力,因此支撑应尽可能稳固。

(6)当刀盘抵拢掌子面时,推进油缸已经可以产生足够的推力稳定管片后,再把管片定位块取下来。

(7)在始发阶段要注意推力、扭矩的控制,同时也要注意各部位油脂的有效使用。掘进总推力应控制在反力架承受能力以下,同时确保在此推力下刀具切入地层所产生的扭矩小于始发台提供的反扭矩。

表7-2 人员安排情况

工序名称	盾构掘进工段(含始发到达)									动力维修、工段			制浆
	井下						井上						
工种	起重	同步注浆	管片拼装	电瓶车司机	盾构司机	测量	行车司机	挖掘机司机	防水	起重	电工	修理	焊工	泥浆工
人数	1	1	6	2	1	2	2	1	2	1	1	2	1	4
组数	3										3			
小计	3	3	18	6	3	6	6	3	6	3	3	6	3	12
合计	57										12			12
说明	本表为一个盾构作业队的劳动力安排,本工程为隧道施工,实行三班二运转作业制度,即甲、乙、丙三班,每班作业12小时,连续两天,休息一天													

7.2.4 盾构始发设计方案的 DFS 本体

通过对本案例中地铁盾构始发设计方案的分析可以获知,在该地铁工程设计方案中,选用了深埋隧道的形式作为该区间工程的结构形式。在采用盾构法施工的地铁工程生命期安全活动中,盾构始发是地铁生命期中一项具有重大安全风险的活动。构成盾构始发设计方案中有结构、设备、机械等组成的物理系统,不同专业、不同岗位的人员组成的人员系统,以及地质、水文等因素组成的环境系统。各系统中存在着大量的险兆信息,如结构尺寸、设备性能、人员配备、环境参数等。各类设计要素需要符合"面向安全的设计(DFS)"规则,并采取适当的 DFS 方案才能确保在实践盾构始发设计方案时避免设计导致的安全事故的发生。图7-10给出了 DFS 本体在该盾构始发方案中的应用。

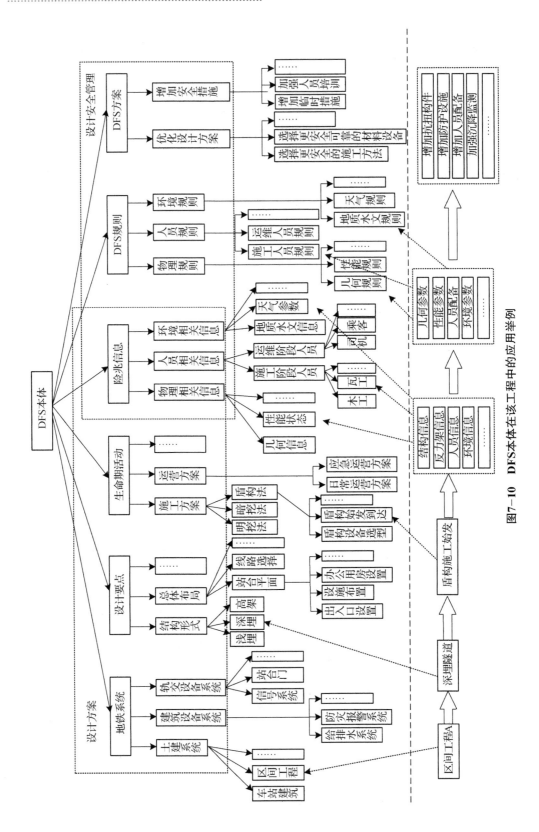

图7-10 DFS本体在该工程中的应用举例

7.3 盾构始发设计方案安全风险识别

7.3.1 盾构始发设计方案的 BIM 模型构建

集成生命期各项信息的设计方案是开展设计方案安全风险识别的前提和基础。在前文盾构始发设计方案的基础上,本研究为了实现盾构始发设计方案而将进行的施工阶段的工法、材料以及人员集成在设计方案中,构建了盾构始发的 BIM 模型,如图 7-11 所示。

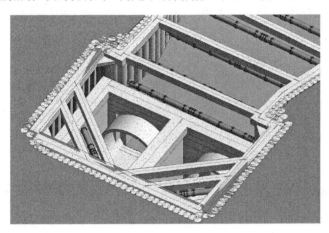

图 7-11 盾构始发设计方案 BIM 模型(土建部分)

同时利用 Revit 提供的构建共享参数功能,将盾构始发中各个构件所采用的工法、需要的材料、耗费的人工以及需要开展的临时工作如吊装、脚手架搭设等信息集成在盾构始发 BIM 模型中,集成生命期(施工阶段)的各项信息。维护结构采用 Φ1000@1200 的钻孔灌注桩,桩身采用 C35 混凝土,通过共享参数功能,将该信息集成到设计方案中,如图 7-12 所示。

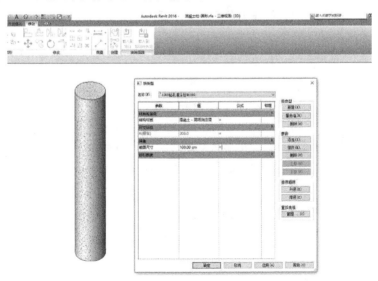

图 7-12 集成生命期信息的 BIM 模型

由于目前土建BIM模型中可供使用的机械设备类(如盾构设备)的族的缺乏,本研究构建的BIM模型只能作为研究思路,难以实现Revit精细化模型构建的需求。

7.3.2 盾构始发设计方案信息提取

利用5.3.4节中介绍的Revit提供的信息获取功能,可以借助设计方案的BIM模型获得设计方案中的明细,如在盾构始发井的维护结构中采用Φ1000@1200的钻孔灌注桩,桩的类型(钻孔灌注桩)、桩长(标高)、材质、数量等都可以得到详细的统计,如图7-13所示。

通过构建的BIM模型可以直接获得部分工程信息,如构件的尺寸、数量等。对于一些现阶段无法通过模型获得的信息需要借助结构设计方案、施工组织设计方案辅助获得。由于盾构始发设计方案的内容繁多,为了便于研究分析,本书对盾构始发中涉及的要素(构件、人员、机械等)的数量和种类进行了简单的省略,主要保留了盾构始发中具有代表性的项目,删除了风险较小的项目。具体项目如表7-3所示。

图7-13 集成生命期信息的设计方案BIM模型信息导出(例)

表7-3 BIM模型导出的工程量

序号	项目名称	项目特征	计量单位	工程数量
一		围护结构		
1	钻孔灌注桩	1. 桩径:Φ1 000 mm@1 200 mm,C35水下混凝土; 2. 深度、岩土类别综合考虑,每根约为15 m	根	60
2	混凝土圈梁	1. C30混凝土;2. 截面800 mm×1 200 mm	m³	52
二		地基加固		
1	深层搅拌桩	1. 桩径:Φ850三轴搅拌桩;2. 水泥含量:15%	m³	263.7
2	止水帷幕	1. 桩径:Φ650三轴搅拌桩;2. 水泥含量:15%	m³	312.5
三		土石方工程		

续 表

序号	项目名称	项目特征	计量单位	工程数量
1	拆除混凝土结构		项	1
四		主体结构		
1	混凝土垫层	混凝土强度等级:C20	m³	119.8
2	混凝土底板	1. C35 混凝土,抗渗等级 P8;2. 厚度综合	m³	54.6
3	混凝土侧墙	1. C35 混凝土,抗渗等级 P8;2. 厚度综合	m³	224
五		盾构设备		
1	盾构吊装		台次	2
2	反力架吊装		台次	2
3	隧道盾构掘进		m	100
4	预制管片	C50 混凝土,抗渗等级 P10	环	18

7.3.3 盾构始发设计方案安全风险识别结果分析

通过将获取的设计信息与已有的 DFS 知识库中的安全知识进行对比,如设备力学性能、几何参数等,共识别出两处较为明显的安全风险,分别为:

1) 盾构反力架抗扭能力不足

在盾构井底板施工时,已经预埋了 60 cm×60 cm×2 cm 钢板,反力架每侧 4 块,钢板通过 25 螺纹钢与底板锚固,预埋钢板与始发架焊接连接;侧向在侧墙上立钢板通过支撑加固,每侧四根,始发架后端通过工字钢或钢支撑与反力架连接,为了防止盾构发生扭转,需要在盾壳上焊接防扭装置。始发架修改示意图见图 7-14。

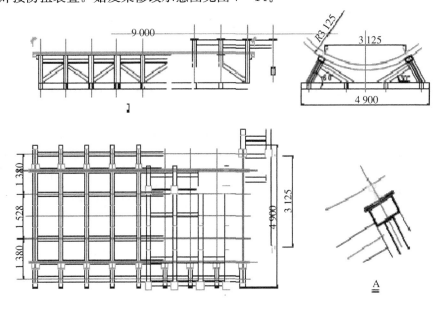

图 7-14 优化后的始发架示意图

2) 吊装设备机械臂下区域未进行有效隔离

在盾构设备、负环管片及辅助设备盾构井中进行吊装作业中,尽管在盾构井周边设置了安全围栏,能够有效防止吊装过程中物体坠落造成人员伤害,但是在辅助的吊装设备(汽车吊)的吊臂作业范围内并未设置围挡,存在潜在伤害事故风险。

7.4 盾构始发设计方案安全风险评估

7.4.1 盾构始发设计方案 FCM 模型

在该盾构始发的案例中,设计方案主要对施工阶段的安全风险具有重大的影响,因此构建的评估模型主要考虑设计方案对施工阶段安全风险的影响,因此在图 6-2 的基础上,删除运营阶段的因素,得到适用于本案例的 FCM 模型,构建的盾构始发设计方案 FCM 模型的节点与关系强度矩阵详情如图 7-15 所示。

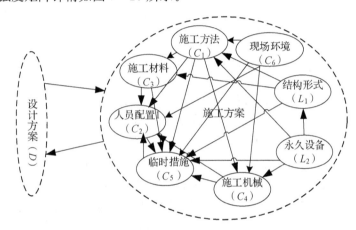

图 7-15 FCM 模型中节点间因果关系示意图

7.4.2 模型初始值确定

由于在本案例中构建的 BIM 模型的不完整性以及部分安全风险数据难以定量化的特点,因此,本研究中定性的数据主要通过专家访谈的形式采集于现场调研。参加专家访谈的对象主要为参与盾构始发设计方案安全风险论证会的专家,包括设计企业、监理企业、安全主管部门以及现场项目经理、安全负责人等对地铁盾构始发设计方案、盾构始发施工过程熟悉的专家。专家共计 9 人,其构成及简要信息如表 7-4 所示。由于被访谈的对象对该工程中涉及的各个要素的数量、可能存在的风险等十分熟悉,因此,调研小组重点对评估模型和初始值确定方法向专家进行了简单的介绍。

表 7-4 案例调研专家信息

序号	专家背景	人数	备注
1	安全论证会专家	5	符合专家论证会要求,专家均具备高级职称,具有从事该领域10年以上的经验
2	项目经理	1	承接项目时要求有3年以上担任同等职务或相同规模项目业绩
3	安全管理部门负责人	1	接受过安全培训,需要有安全员证等从业资格要求
4	监理单位负责人	1	承接项目要求总监具备高级职称
5	设计院工程师	1	符合项目负责人职称及注册资质

1) 概念节点初始值的确定

施工方法(C_1)安全风险初始值的确定。在本案例中,设计方案决定了施工阶段主要采取的施工方法有盾构法,基坑支护主要采用了钻孔灌注桩法,盾构机和管片采用吊装法等。因此,受访专家认为设计对施工方案安全风险较大。

人员配置1(C_2)安全风险初始值的确定。该工程中工种多、人员配备要求复杂,为了实现设计方案,现场需要配备各类施工作业、管理人员等。主要涉及的人员有起重设备人员、钻孔灌注桩施工人员、管片吊装人员、盾构机吊装人员、盾构机班组等。

施工材料(C_3)安全风险初始值的确定。该工程中使用到的主要材料为水泥、混凝土、盾构管片等材料,使用到的易燃易爆等危险材料较少,因此安全风险相对较低。

施工机械(C_4)安全风险相关风险初始值的确定。该工程现场使用机械设备较为复杂并且数量繁多,使用的设备主要有龙门吊、汽车吊、钻孔灌注桩设备、盾构机等。因此,施工机械导致的安全风险较高。

临时措施(C_5)安全风险初始值的确定。该案例中临时措施较多,对安全风险影响也较大。如防止坠落基坑的安全围栏,用以切割洞口而搭建的脚手架等。如图 7-16 所示。

图 7-16 现场临时措施

现场环境(C_6)安全风险初始值的确定。在该工程中,设计方案决定了现场采取明挖的形式进行基坑施工,现场形成了深基坑。同时对降水、交通等也产生了影响。

结构形式(L_1)安全风险初始值的确定。该案例使用了明挖法施工,同时采用双隧道形式,单圆盾构施工,基坑使用钻孔灌注桩做支护,结构形式安全性较高。

永久设备(L_2)安全风险初始值的确定。该工程中永久设备主要有拼装形成的盾构管片形成的地铁隧道,专家认为安全风险较低。

在访谈过程中,邀请专家按照各自的认知,针对设计方案中各个因素对生命期安全风险的影响程度做出判断,并且根据表6-4中设计的施工阶段的因素在1到9之间进行评分。在获得专家的意见后,将专家的评分对应的语义进行模糊化处理,分别利用三角模糊函数对专家评分进行模糊化以及公式(6-6)进行解模糊,得到明确的风险大小。最终,确定各个概念节点的初始值如表7-5所示。

表7-5 节点初始值

	C_1	C_2	C_3	C_4	C_5	C_6	L_1	L_2
初始值	0.782	0.857	0.316	0.725	0.765	0.336	0.533	0.238

因此,概念节点$C_i(0)$的初始值为:

$$A(0)=[0.782,0.857,0.316,0.725,0.765,0.336,0.533,0.238] \quad (7-1)$$

2) 概念节点因果关系强度矩阵值的确定

初始因果关系矩阵如式7-2所示,结合工程实际情况以及专家打分,并将专家的打分利用公式(6-7)计算得到初始矩阵为:

$$W_C(0)=\begin{bmatrix} 0 & 0.751 & 0.382 & 0.627 & 0.673 & 0 & 0 & 0 \\ 0 & 0 & 0 & 0 & 0.275 & 0 & 0 & 0 \\ 0 & 0.136 & 0 & 0 & 0.203 & 0 & 0 & 0 \\ 0 & 0.624 & 0 & 0 & 0.715 & 0 & 0 & 0 \\ 0 & 0.675 & 0 & 0 & 0 & 0 & 0 & 0 \\ 0.275 & 0 & 0 & 0.537 & 0.413 & 0 & 0 & 0 \\ 0.751 & 0 & 0.553 & 0 & 0.430 & 0 & 0 & 0 \\ 0.537 & 0 & 0 & 0.715 & 0.615 & 0 & 0.723 & 0 \end{bmatrix} \quad (7-2)$$

7.4.3 基于NHL学习规则的盾构始发设计方案安全风险动态评估

在FCM模型中的任何一个元素均可以作为模型的输入和输出节点,而最终模型需要专家或者模型构建者确定模型的输出(Desired Output Concept,DOC)代表系统的最终状态。在案例中,所有的模型的节点都是模型的输入节点,而模型评估的目标是整个系统,即所有节点的状态均为输出。利用公式(6-9)作为非线性单元的约束,并代入初始值对模型进行迭代运算,分别通过公式(6-8)和公式(6-10)计算每一步的概念值和关联矩阵。sgn(x)函数为阶跃函数,当$x>0$时,函数取值为"1";当$x=0$时,函数取值为"0";当$x<0$时,函数取值为"-1"。在本研究中λ取值为1,γ和η取值主要通过试错法获得,取值分别

为 0.95 和 0.01。当模型计算结果达到停止的三个条件时,模型的输出(DOC)呈现稳定状态,通常为满足条件 $|DOC^{(K+1)} - DOC^{K}| < e = 0.002^{[247,258]}$、周期值或者不稳定状态则模型计算停止。在本案例中,共有 8 个节点输出 DOC,当超过一半以上 DOC 符合条件即认为该模型达到稳定状态。

将概念节点初始值 $C_i(0)$ 以及初始关系强度矩阵 $W_C(0)$ 代入式(6-8)、式(6-9)、式(6-10)中,使用 Matlab 编写程序(见附录二)对模型进行迭代计算,经过 34 步迭代后系统达到固定值,即系统达到稳定状态,最终节点状态值如式(7-3)所示:

$$A(34) = [0.837, 0.964, 0.537, 0.912, 0.975, 0.523, 0.506, 0.357] \quad (7-3)$$

最终的因果关系矩阵如式(7-4)所示:

$$W_C(\text{final}) = \begin{bmatrix} 0 & 0.831 & 0.324 & 0.708 & 0.642 & 0 & 0 & 0 \\ 0 & 0 & 0 & 0 & 0.226 & 0 & 0 & 0 \\ 0 & 0.107 & 0 & 0 & 0.175 & 0 & 0 & 0 \\ 0 & 0.727 & 0 & 0 & 0.736 & 0 & 0 & 0 \\ 0 & 0.715 & 0 & 0 & 0 & 0 & 0 & 0 \\ 0.265 & 0 & 0 & 0.536 & 0.605 & 0 & 0 & 0 \\ 0.676 & 0 & 0.537 & 0 & 0.436 & 0 & 0 & 0 \\ 0.526 & 0 & 0 & 0.648 & 0.364 & 0 & 0.726 & 0 \end{bmatrix} \quad (7-4)$$

修正前和修正后的初始值变化如图 7-17 所示。从图中可以发现除 L_1 之外的节点的初始值变化趋势一致,均有所提高。趋势的一致性说明受采访的专家在该领域具有多年的工作经历以及丰富的专业知识,构建的模型和得到的初始值得到了专家的认可,能够接近真实的工程情况。同时,修正后节点数值的增加进一步说明设计方案对施工阶段由于施工方法、人员配置、施工材料、机械设备、临时措施、现场环境以及永久设备等元素相关的风险有着重要影响。

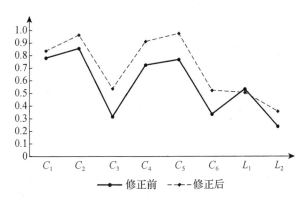

图 7-17 修正前后设计方案导致的生命期安全风险评估模型节点状态值对比

施工人员(C_2)、临时措施(C_5)、施工方法(C_1)、施工机械(C_4)因素节点的值都接近或者大于 0.9,说明各个设计要素导致的地铁工程施工安全风险中,施工人员(C_2)导致的安全风险较高,其次为临时措施(C_5)、施工方法(C_1)、施工机械(C_4)。这与传统的安全致因理论中描述的现场安全风险都是由于"人或者物的不当管理""物的不安全状态以及人的不安全行为"等结论是相一致的,同时也得到了系统安全管理理论的支持,即"安全事故的发生不再是孤立的因素导致的"。如在本章识别出来的与吊车相关的安全风险中,由于设计方案没有要求吊车半径设置临时围挡的要求,在实际的施工过程中可能出现人员进入吊车起吊半径,而当吊车工人操作不当或吊车故障时可能发生安全事故。

施工材料(C_3)、现场环境(C_6)、结构形式(L_1)、永久设备(L_2)导致的安全风险值均接近或者低于0.5,说明在设计方案中,由这四个设计要素导致的全生命期安全风险较低。首先由于该案例主要针对施工阶段的盾构始发设计方案,该工程设计方案中涉及的永久设备较少,因此,永久设备(L_2)导致的施工安全风险也较小。其次,本设计方案中使用的结构形式经过了多年的理论研究和实践,技术和理论相对成熟,而在实际设计过程中,设计人员在选择结构形式时需要符合现场勘察报告以及相关规范、标准的条文,因此,结构形式(L_1)因素导致的施工安全风险也较低。同样,在本案例中现场选用的施工材料均符合安全规范要求,因此,由施工材料因素导致的施工安全风险也不高。最后,尽管设计方案中对施工环境进行了考虑,然而在实际的施工过程中,由于地质勘查的不完全性以及气象水文状况的不确定性和突发性,生命期中与环境相关的安全风险并不能完全体现在设计方案中,因此设计方案中环境因素产生的安全风险也较低。

同时通过对比初始因果关系矩阵[式(7-2)]和调整后因果关系矩阵[式(7-4)],原先为0的权值经过修正后的权值仍然为0,只有非0的节点间权值发生了变化,该变化符合构建模型时节点间连接的意义,即因素与因素之间存在安全风险影响时在模型中才存在关联现象。

综上所述,在设计阶段实践DFS过程中,需要针对单个因素开展安全风险识别工作,提高单个因素自身的安全水平,降低设计导致的该因素相关的安全风险。如在设计方案中要求提高吊车的安全性能储备。同时,在设计方案中还要从整个系统的角度进行安全风险识别和管控,如采用围挡等临时措施,将人的不安全行为和物的不安全状态进行隔离,从而降低生命期安全风险、减少现场发生的安全事故。

7.5 DFS应用指导要点

通过理论研究和案例分析,在设计阶段实践DFS主要有以下几个要点:

(1) 科学系统地解构设计方案。设计阶段开展DFS首选需要掌握设计方案形成的规律,对设计方案、设计阶段安全管理工作进行科学系统地分解,从而发现影响生命期安全风险的因素。

(2) 结构化地表达安全知识。开展DFS实践离不开设计安全知识的支撑,为了帮助设计人员提高对DFS的认识并高效地利用DFS知识开展DFS实践,需要在系统地整理安全知识后进行结构化的表达。

(3) 准确高效地识别安全风险。在设计阶段开展DFS实践不仅需要准确地识别出设计方案中的安全风险,同时风险识别的效率也至关重要。开发设计方案安全风险智能识别方法将有助于准确高效地识别设计方案中的安全风险。

(4) 简明实用地评估安全风险。安全风险评估的结果是设计阶段开展安全风险预控的依据。安全风险评估工作需要能够直观地体现设计方案对生命期安全风险的影响,提供简单、可操作性强的风险评估方法,评估结果能够直接指导安全管理工作。

(5)分类开展安全风险预控。设计方案导致的安全风险的类型、大小等都有所不同,在开展安全风险预控工作中,需要根据安全风险评估结果,对安全风险进行分类管控,才能提高安全风险管控的效率,确保安全管理的有效性。

7.6 本章小结

本章首先针对案例工程的背景及设计方案,构建了设计方案 DFS 本体。在现有建模技术水平下构建了集成全生命期安全风险相关信息的设计方案 BIM 模型。通过将 BIM 模型中信息与 DFS 知识库中知识进行对比,识别出盾构始发反力架扭力不足、盾构设备吊装过程中高处坠物两个较高的安全风险。同时,构建了盾构始发设计方案安全风险 FCM 评估模型,邀请专家对模型中设计方案中各个因素对生命期安全风险大小以及各个因素之间因果关系权值进行打分,利用模糊集理论将专家打分转化为适用 FCM 模型的数值,并利用 NHL 规则对 FCM 模型进行了修正,最终得到了设计导致的生命期安全风险的大小。评价结果显示,该盾构始发设计方案中,人员配置、施工机械、施工方法、临时措施的选择对生命期安全风险有较大的影响,存在较高的安全隐患。而设计方案中选定的施工材料、结构形式、永久设备以及形成的现场环境对生命期安全风险影响较低。案例研究充分验证了书中构建的安全风险识别、评估方法的可行性与科学性。最后给出了 DFS 应用指导要点,为今后开展安全风险预控指明了方向。

8 结论与展望

8.1 主要研究工作与结论

本书主要采用了文献综述、理论研究和案例分析三种方法相结合的方法。通过文献综述和理论研究,对DFS发展的历程、开展DFS的方法、工具以及现阶段DFS实践中面临的障碍等进行了详细的介绍,进一步确立了DFS的理论依据,阐述了设计导致的生命期安全风险的机理,丰富了DFS的内涵;通过本体理论、BIM技术、知识库技术等信息化手段,为在设计阶段开展DFS提供了理论和实践的框架。利用复杂网络理论、认知图理论分别对地铁设计系统和地铁设计方案进行分析,构建了地铁设计系统复杂网络模型和地铁设计方案安全评估模糊认知图模型,研究了设计导致的地铁生命期安全风险事故的特征与机理、地铁工程设计导致的生命期安全风险评估模型。最后,结合某实际地铁工程项目的盾构始发设计方案,对书中构建的DFS应用框架以及评估模型进行了应用验证。研究表明,在设计阶段开展DFS对降低工程项目生命期安全风险,提高工程项目生命期安全管理水平具有重要的意义。

8.1.1 DFS理论发展的研究

(1) 本书分析了传统的安全风险致因理论,如事故因果连锁理论、轨迹交叉理论、能量意外转移理论等,以及系统视角的安全管理理论,如社会-技术系统安全管理理论。通过对不同安全理论以及其发展趋势的研究得出:安全风险管理理论已经逐渐从事后被动应对转为事前主动控制,从单因素、线性的研究方向朝着系统化的角度发展,而DFS理论所强调的正是基于系统的视角对设计方案中可能导致生命期安全风险的因素开展识别、评估与超前控制。因此,DFS理论逐渐成为安全管理研究的新趋势。

(2) 本书分析了当前开展DFS实践研究的现状,对DFS的工具、方法以及实践过程中的障碍做了详细的综述,明确了设计的详细内容,即不仅包括了概念设计、初步设计、施工图设计,也包括了施工组织设计。同时本书还研究了安全风险管理的识别与评估方法、知识管理方案以及信息化技术如BIM技术、知识库技术。分析结果表明,现阶段对DFS的实践和研究中对已有安全知识的应用不足,缺乏智能的安全风险识别技术与评估方法。

(3) 构建了设计导致的地铁事故分类模型,对搜集的地铁工程生命期安全事故进行了分类。分析得出生命期安全事故案例中53.4%的事故是由设计阶段缺乏对生命期安全的考虑而导致的。其中设计导致施工阶段的安全事故占施工阶段案例总数的36.1%,对运营阶段安全风险影响占运营阶段安全事故总数的69.9%。分析结果与现有DFS案例分析的研究结论基本一致,再次证明了设计阶段对生命期安全风险的重大影响。同时,对于地铁工程而言，运营阶段相比施工阶段周期更长，涉及的人员更多，功能性更为重要，因此在设计阶段需要给予特别的关注。

（4）本书通过对地铁设计方案形成过程的研究，按照《地铁设计规范》(GB 50157—2013)中地铁系统的构成，结合搜集生命期安全事件数据库中的案例，采用复杂网络理论构建了地铁设计方案各要素（系统）安全风险影响网络模型，对设计导致地铁生命期安全风险的机理进行了研究。在设计方案形成过程中，设计人员依据法律法规、个人经验及安全知识等确定地铁具体某个系统中的结构形式、永久设备、工程材料等，同时在设计方案中对施工方法、人员配置、施工机械、现场环境、临时措施等要素进行详细的说明。各个因素不仅自身需要满足安全规则的要求，同时各个因素彼此之间也存在安全风险的关联，一旦安全风险达到发生安全事故的阈值，则会导致安全事故的发生。因此，设计导致生命期安全风险的机理可以阐述为：设计方案决定的各个设计要素中潜在的安全风险，随着生命期的不断推进，在实现设计方案的过程中，由于设计要素自身或各个要素之间相互作用而违反安全规则并触及安全风险阈值，最终导致安全事故的发生。

8.1.2 构建了设计安全知识系统化表示框架

（1）通过对设计遵循的法律法规、设计标准以及设计导致的生命期安全风险的分析与研究，确定了设计安全知识的构成。设计阶段 DFS 知识分别由法律法规、设计标准、规范等构成的安全规则以及由事故案例中获取的案例知识构成。

（2）构建了地铁设计方案 DFS 本体。通过对设计方案形成过程、设计导致地铁生命期安全事故案例的研究与分析，结合设计导致生命期安全风险的机理，利用本体理论构建了地铁工程 DFS 本体。对常用的本体构建软件进行了简单的介绍，并在本体构建软件 Protégé 中，构建了 DFS 本体的模型。

（3）构建了基于 DFS 知识库的框架。本书确定了 DFS 知识库中的知识通过规则推理（RBR）与案例推理（CBR）分别从显性与隐性的设计安全知识中获取；同时 DFS 知识库应该具备知识搜集、分析、存储、查询的功能模块。本书基于 SQL Sever 2012 软件构建了 DFS 知识库。

8.1.3 建立集成 BIM 和安全知识库的设计方案安全风险识别方法

（1）本书首先对 BIM 软件及 Revit 二次开发技术做了简要介绍。BIM 技术是近年来工程领域应用的热点，随着 BIM 技术应用的不断深入，BIM 模型中不断集成更多的生命期信息，为包括安全管理在内的研究提供了新的手段。书中介绍了 BIM 二次开发技术，利用 Revit 2016 中集成的 SDK 开发程序和 Microsoft Visual Studio，在 Microsoft .NET Framework 平台中，以 design for safety 提示按钮为例，描述了 BIM 技术二次开发的过程。

（2）实现生命期安全管理相关信息在设计方案 BIM 模型中的集成与输出。书中根据设计导致的生命期安全风险机理、设计方案的构成、DFS 本体，将生命期中潜在安全风险的信息（物理信息、人员信息、环境信息等）集成在 BIM 模型中，并利用 Revit 中的信息导出功能，帮助高效地获取设计方案安全风险相关信息。

（3）集成 BIM 与 DFS 知识库的安全风险识别方法。通过集成生命期设计信息的 BIM 模型中导出的数据，利用 DFS 知识库中存储的设计安全知识对设计方案中潜在的安全风险进行智能检索和匹配,实现设计方案中的安全风险识别。

8.1.4 构建了基于 FCM 的地铁工程设计方案安全风险评估模型

(1) 介绍了 FCM 模型的理论、方法及优点。本书介绍了 FCM 方法的概念和发展过程,对 FCM 的数学模型、模型构建方法、推理机制进行了说明,并详细说明了 FCM 方法应用在地铁工程设计方案安全风险评估中具有直观性、叠加性、拓展性、反馈性等较高的优点,因此选取 FCM 模型作为地铁工程设计方案安全风险评估模型。

(2) 构建了基于聚合 FCM 的地铁工程设计方案安全风险评估模型。书中根据设计方案中影响生命期安全风险的各要素确定了 FCM 模型中的概念节点,分别为施工方法、人员配置 1、施工材料、施工机械、临时措施、现场环境、结构形式、永久设备、运营组织、人员配置 2、乘客行为、运营环境等,并根据各个要素彼此之间安全风险的影响,确定了各个要素之间的因果关系。节点元素和节点元素之间的关系构成了地铁工程设计方案安全风险 FCM 评估模型。

(3) 确定了 FCM 模型初始值并基于 NHL 学习规则对模型进行修正。在确定了 FCM 评估模型的基础上,研究过程中采用专家打分法分别对设计方案中影响生命期安全风险的各个要素以及要素之间的因果强度关系进行打分,通过模糊集理论对专家打分数值进行处理得到符合 FCM 模型计算的数据。为了降低专家打分的主观性,实际研究过程中使用了非线性 Hebbian 学习规则对模型进行了修正,提高了模型的客观性和稳定性。

(4) 选取南京地铁某工程盾构始发设计方案开展案例研究。案例研究的结果验证了本研究的研究框架和理论方法。结合理论分析和案例研究,本书最后给出了 DFS 应用指导要点。

8.2 创新点

(1) 界定了 DFS 的内涵,揭示了设计导致的生命期安全风险形成机理。通过文献综述,界定了 DFS 的概念及内涵。同时,本书通过对地铁设计方案、设计安全管理、地铁系统构成以及安全事故案例的研究,揭示了设计导致的地铁生命期安全风险形成机理。(相关成果发表在 *Journal of Civil Engineering and Management*、《工程管理学报》以及 *International Conference on Construction and Real Estate Management* 会议论文集)

(2) 系统地表达了 DFS 安全知识,构建了完整的 DFS 知识库架构。利用案例推理、规则推理的方法对显性、隐性的设计安全知识进行推理。通过本体理论和安全风险险兆信息将设计方案与设计安全管理联系在一起,构建了涵盖地铁系统、设计要点、生命期活动、险兆信息、DFS 规则及 DFS 预控措施的 DFS 本体,实现 DFS 知识的存储、分析、查询、使用等功能。(相关成果发表在 *Automation in Construction* 和《建筑安全》等期刊)

(3) 提出了集成 BIM 与 DFS 知识库的设计风险识别方法。利用 BIM 和知识库管理技术,通过提取集成生命期信息的设计方案 BIM 模型中的险兆信息与 DFS 知识库中的设计安全知识的匹配,实现了设计安全风险识别,为设计阶段实践 DFS 提供了准确、高效的工具。(相关成果发表在 *Automation in Construction*)

(4) 构建了设计导致的生命期安全风险 FCM 评估模型。本书对地铁设计方案和设计安全管理进行解构，构建了 FCM 评估模型。该模型能够直观地反映设计方案对生命期安全风险影响的机理，同时，评估结果也能够清晰体现构成设计方案的各个要素的安全风险大小，为设计阶段开展针对性的安全风险预控提供了依据。（部分相关成果发表在 *Sustainability*）

8.3 研究不足及展望

由于个人水平和现有技术的限制，本书还存在一些不足，主要有：

(1) DFS 理论在近年来安全风险管理理论中较为新颖。国内外对于 DFS 理论的系统研究较少，部分研究仍处于探索阶段。同时，受到当前合同采购模式的影响，设计、施工、运营各阶段分离，施工、运营阶段成熟的安全管理知识尚无法直接转化为设计安全知识，帮助在设计阶段实践 DFS。在当前总承包模式逐渐受到重视的情形下，未来的研究可以探讨总承包模式下实践 DFS 的组织模式，从而更好地利用现场的安全知识。

(2) 地铁工程是一个庞大的开放系统，地铁工程的设计方案也是一项复杂的系统工程。本研究中构建的地铁物理系统模型、评估模型都是经过简化后的结果，难以真实地反映地铁工程的设计方案。因此，后续研究将对地铁系统进行更为深入的研究，如对子系统进行分解，构建层次 FCM 评估模型，力求真实反映地铁设计方案对生命期安全风险的影响。

(3) 受个人计算机水平以及当前 Revit 模型中现有族的不足，本案例中构建的 BIM 模型非常粗略，更没有涉及设计方案中的设备模型。同时，对知识库的功能细节描述也不够充分。因此，未来的研究中需要加强对计算机技术的学习，实现本书构建的智能识别与评估框架。

(4) 利用 FCM 实现智能的软计算需要以大量数据为基础。尽管本研究中搜集了超过 400 个地铁生命期安全事故案例，然而由于地铁工程系统较多，具体到某个子系统的安全风险事故较少，此外，搜集的事故案例中缺乏事故原因的详细描述。因此，书中概念节点的数值和因果强度的数值大小均取自安全管理专家评分。未来的研究中需要积累更多详细的案例数据，从而最大化 FCM 在设计导致的生命期安全风险评估中的作用。

附录一 案例工程地质层分布与特征表

附表1 区间工程地质层分布与特征描述

时代成因	层号主层	地层名称	颜色	状态	特征描述	层顶埋深/m 最小至最大	厚度/m 最小至最大
Q_4^{ml}	①-1	杂填土	灰黄色、杂色	松散	灰色、灰黄色、灰褐色,杂色,稍湿,松散,由粉质黏土混砖石碎屑组成,局部为混凝土块或建筑垃圾	0.00	2.00
	①-2b2-3	素填土	灰黄色	松散	灰黄、褐黄、灰色,稍湿至湿,由软塑至可塑状粉质黏土组成。机场范围内上部为沥青路面,下部主要为路基所用三合土,局部夹有少量碎石	0.00~2.00	0.40~7.80
Q_4^{al}	②-1b2-3	粉质黏土	灰黄色、灰色	可塑	灰黄色、灰色,饱和,可塑,局部软塑中压缩性,无摇振反应,切面光滑,干强度中等,韧性中等,该层局部分布	0.40~6.10	0.40~5.20
	②-1d-c3-4	粉砂夹粉土	灰色	松散至稍密	灰色,饱和,松散至稍密。中压缩性,主要成分为石英、长石和云母片。夹含薄层粉土,单层厚1~3 mm,分布不均,具水平层理	1.00~5.90	0.50~9.00
Q_4^{al}	②-2b4	淤泥质粉质黏土	灰色	流塑	灰色、灰褐色,流塑,高压缩性,无摇振反应,切面较光滑,干强度中等,韧性中等,局部夹薄层状粉土,该层分布于岗间洼地和古秦淮河漫滩地段	1.30~14.40	0.80~14.10
	②-3b2-3	粉质黏土	灰色	软塑至可塑	灰色,饱和,软塑,局部可塑,中压缩性,无摇振反应,切面较光滑,干强度中等,韧性中等,该层局部分布	3.30~17.50	0.90~12.70
Q_3^{al}	④-1b1-2	粉质黏土	灰色、灰黄色	可塑至硬塑	黄褐色、灰黄色,饱和,硬塑,局部可塑,中压缩性,无摇振反应,切面较光滑,干强度中等,韧性中等,夹含铁锰质浸染及结核,该层局部分布	0.40~20.80	0.90~18.40
	④-4e	粉质黏土混砾石	褐灰色、杂色	可塑	褐灰色、杂色,饱和,可塑,中压缩性,切面稍有光泽。夹含砾石,主要成分以石英质和硅质为主,呈次棱角状至次圆状,含量5%~20%,砾径1~5 cm,个别大于5 cm,分布不均,局部富集,部分区域为中粗砂夹砾石	8.90~24.50	0.50~3.50

续 表

时代成因	层号主层	地层名称	颜色	状态	特征描述	层顶埋深/m 最小至最大	厚度/m 最小至最大
J_{3L}	J_{3L}-0	残积土	灰黄色	硬塑	灰黄色、褐黄色,局部砂土状,岩芯多呈硬土状、砂土状,岩芯已完全风化,底部夹少量的未风化岩屑	6.90~7.50	1.10~5.60
	J_{3L}-2a	强风化含角砾凝灰岩	紫褐色	砂土状至碎块状	紫褐色、青灰色,风化强烈,岩石结构大部分被破坏,矿物成分显著变化,上部岩芯多呈密实砂土状,下部岩芯多呈碎块状	6.50~21.70	1.00~9.40
	J_{3L}-3a	中风化含角砾凝灰岩	紫褐色	碎块状至短柱状	紫褐色青灰色,岩芯呈碎块状至柱状,节长一般为0.80~20.00 cm,个别节长30.00~50.00 cm。裂隙发育,多呈纵向贯穿性裂隙,微张开,张开度$0.2<K<1.0$,受外力后易崩解。采心率70%~95%,$RQD=50\%~90\%$。岩石由熔岩胶结火山碎屑而成,碎屑为岩屑和少量晶屑。碎屑多呈次棱角—次浑圆状,多数为大于2.0 mm的火山角砾,少量为小于2.0 mm的凝灰质。岩屑基质多为长石、斜长石。晶屑成分为斜长石、角闪石。岩石坚硬程度分类为较软岩,岩体完整程度分类为较完整,岩体基本质量等级为Ⅳ	12.20~30.20	3.80~19.00
	J_{3L}-3aP	破碎状中风化含角砾凝灰岩	紫褐色	碎块状	紫褐色、青灰色,岩芯呈碎块状(局部短柱状或砂土状),裂隙发育良好,锤击易碎。岩石由熔岩胶结火山碎屑而成,碎屑为岩屑和少量晶屑。碎屑多呈次棱角—次浑圆状,多数为大于2.0 mm的火山角砾,少量为小于2.0 mm的凝灰质。岩屑基质多为长石、斜长石。晶屑成分为斜长石、角闪石。采心率40%~60%	13.80~21.10	2.00~6.40
	J_{3L}-2b	强风化安山岩	青灰色	砂土状至碎块状	紫褐色、青灰色,风化强烈,岩石结构大部分被破坏,矿物成分显著变化,岩芯多呈碎块状	2.40~25.30	0.20~13.90
J_{3L}	J_{3L}-3b	中风化安山岩	青灰色	碎块状至短柱状	紫褐色、青灰色,岩芯呈碎块状至柱状,节长一般为10.00~30.00 cm,个别节长50.00~80.00 cm。裂隙略发育,微张开,张开度$0.2<K<1.0$,受外力后易崩解。采心率80%~95%,$RQD=75\%~95\%$。岩石坚硬程度分类为较软岩,岩体完整程度分类为较完整,岩体基本质量等级为Ⅳ	5.00~33.40	1.60~28.00

续 表

时代成因	层号 主层	地层名称	颜色	状态	特征描述	层顶埋深/m 最小至最大	厚度/m 最小至最大
	J_{3L}-3bP	破碎状中风化安山岩	青灰色	碎块状	紫褐色、青灰色,岩芯呈碎块状(局部短柱状或砂土状),裂隙发育良好,锤击易碎。采心率50%～70%	7.50～25.20	1.20～14.90
J_3x	J_3x-2	强风化凝灰质泥质粉砂岩	紫褐色、紫红色	砂土状至碎块状	紫褐色、紫红色,风化强烈,岩石结构大部分被破坏,矿物成分显著变化,岩芯多呈坚硬土状至密实砂土状	10.50～19.50	0.30～3.10
	J_3x-3	中风化凝灰质泥质粉砂岩	紫褐色、紫红色	碎块状至短柱状	紫褐色、紫红色,岩芯呈碎块状至柱状,节长一般为10.00～20.00 cm,个别节长50.00 cm。裂隙略发育。该基岩遇水极易软化,风干后易崩解。采心率85%～95%,$RQD=75\%～90\%$。岩石坚硬程度分类为极软岩,岩体完整程度分类为较完整,岩体基本质量等级为Ⅴ	11.60～22.00	13.00～21.50
	J_3x-3P	破碎状中风化凝灰质泥质粉砂岩	紫褐色、紫红色	碎块状	紫褐色、紫红色,岩芯呈碎块状(局部短柱状或砂土状),裂隙发育良好,锤击易碎。采心率50%～80%	15.50～30.00	5.00～6.50

附录二　FCM 评估模型 Matlab 代码

```
% A:1*n
% A_k:A at time k, A_k1:A at time k+1
% w:n*n
% w_k:w at time k, w_k1:w at time k+1
n = 8;
lambda = 1;
gamma = 0.95;
eta = 0.01;

%初始化 A w
A_k1 = A(0);
w_k1 = W(0);

fid = fopen('resultA.txt','w');

kmax = 15;        %迭代次数
for k = 1:kmax

    %更新
    A_k = A_k1;
    w_k = w_k1;
    %计算步骤二、三
    w_k(1:n+1:end) = 1;
    A_k1 = 1./ (1 + exp(-lambda .* (A_k * w_k)));
    w_k1 = gamma .* w_k + eta .* repmat(A_k, n, 1) .* (ones(n,n)-w_k) .* repmat(A_k, n, 1);

    fprintf(fid,'%d\\t',A_k1);
    fprintf(fid,'\\r\\n');
```

```
end
fclose(fid);

w_k1(1:n+1:end) = 0;
fid1 = fopen('resultw.txt','w');
for i=1:n
    fprintf(fid,'%d\\t',w_k1(i,:));
    fprintf(fid,'\\r\\n');
end
fclose(fid1);
```

参考文献

[1] 曹小曙,林强.世界城市地铁发展历程与规律[J].地理学报,2008,63(12):1257-1267.

[2] 赵昕,顾保南.2018年中国城市轨道交通运营线路统计与分析[J].城市轨道交通研究,2019,31(1):1-7.

[3] 张旷成,李继民.杭州地铁湘湖站"08.11.15"基坑坍塌事故分析[J].岩土工程学报,2010,32(S1):338-342.

[4] ZHANG X L, DENG Y L, LI Q M, et al. An incident database for improving metro safety: The case of Shanghai[J]. Safety Science, 2016,84:88-96.

[5] 谢贵宾.EPC模式下设计阶段施工安全风险管理体系的研究[D].长沙:湖南大学,2011.

[6] SZYMBERSKI R T. Construction project safety planning[J]. Tappi Journal (USA),1997.

[7] MANUELE. Principles for the practice of safety[J]. Professional Safety, 1997,42(7):27.

[8] 汤育春,夏侯遐迩,陆莹,等.中国地铁工程安全风险管理研究综述[J].工程管理学报,2018,32(6):69-74.

[9] TYMVIOS N, GAMBATESE J A. Perceptions about design for construction worker safety: Viewpoints from contractors, designers, and university facility owners[J]. Journal of Construction Engineering and Management, 2016,142(2):04015078.

[10] XIAHOU X E, YUAN J F, LI Q M, et al. Validating DFS concept in lifecycle subway projects in China based on incident case analysis and network analysis[J]. Journal of Civil Engineering and Management, 2018,24(1):53-66.

[11] 郭红领,张伟胜,刘文平.基于设计-施工安全(DFCS)的安全规则[J].清华大学学报(自然科学版),2015(6):633-639.

[12] VAN DUIJNE F, HALE A, KANIS H, et al. Design for safety: Involving users' perspectives[J]. Safety Science, 2007,45(1-2):253-281.

[13] NISSANKE N, DAMMAG H. Design for safety in Safecharts with risk ordering of states[J]. Safety Science, 2002,40(9):753-763.

[14] TOOLE T M, GAMBATESE J. The trajectories of prevention through design in construction[J]. Journal of Safety Research, 2008,39(2):225-230.

[15] LÓPEZ-ARQUILLOS A, RUBIO-ROMERO J C, MARTINEZ-AIRES M D. Prevention through Design (PtD). The importance of the concept in Engineering and

Architecture university courses[J]. Safety Science, 2015,73:8-14.

[16] HECKER S, GAMBATESE J A. Safety in design: A proactive approach to construction worker safety and health[J]. Applied Occupational and Environmental Hygiene, 2003,18(5):339-342.

[17] WORKCOVER N. CHAIR safety in design tool (CHAIR—Construction Hazard Assessment Implication Review), Sydney, Australia[R]. New South Wales State Government Work Safety Authority, 2001.

[18] WEINSTEIN M, GAMBATESE J, HECKER S. Can design improve construction safety?: Assessing the impact of a collaborative safety-in-design process[J]. Journal of Construction Engineering and Management, 2005,131(10):1125-1134.

[19] GAMBATESE J A, HINZE J W, HAAS C T. Tool to design for construction worker safety[J]. Journal of Architectural Engineering, 1997,3(1):32-41.

[20] GAMBATESE J, HINZE J. Addressing construction worker safety in the design phase: Designing for construction worker safety[J]. Automation in Construction, 1999,8(6):643-649.

[21] GAMBATESE J A. Liability in designing for construction worker safety[J]. Journal of Architectural Engineering, 1998,4(3):107-112.

[22] ZOU P X W, REDMAN S, WINDON S. Case studies on risk and opportunity at design stage of building projects in Australia: Focus on safety[J]. Architectural Engineering and Design Management, 2008,4(3-4):221-238.

[23] SCHULTE P A, RINEHART R, OKUN A, et al. National Prevention through Design (PtD) initiative[J]. Journal of Safety Research, 2008,39(2):115-121.

[24] 熊远勤,冯力.建筑工程施工安全与建筑设计的关系研究:对灾后重建工程施工安全管理的思考[J].软科学,2010,24(11):142-144.

[25] 袁竞峰,徐媛,黄伟,等.地铁工程安全设计(DFS)知识库构建[J].中国安全科学学报,2012(11):81-87.

[26] 曾雯琳,袁竞峰,张星.基于BIM模型的DfS规则应用研究[J].土木建筑工程信息技术,2014(4):18-23.

[27] 张仕廉,潘承仕.建设项目设计阶段安全设计与施工安全研究[J].建筑经济,2006(1):77-80.

[28] 郭红领,张伟胜,刘文平.集成设计-施工安全(DFCS)的方法探索[J].中国安全生产科学技术,2015(2):5-10.

[29] TAIEBAT M. Tuning Up BIM for Safety Analysis Proposing modeling logics for application of BIM in DfS[D]. Blacksburg: Virginia Polytechnic Institute and State University, 2011.

[30] MARINI J. Designing for construction worker safety: A software tool for designers[D]. Gainesville: University of Florida, 2007.

[31] HADIKUSUMO B H W, ROWLINSON S. Integration of virtually real construction model and design-for-safety-process database[J]. Automation in Construction, 2002,

11(5):501-509.

[32] HADIKUSUMO B H W, ROWLINSON S. Capturing safety knowledge using design-for-safety-process tool[J]. Journal of Construction Engineering and Management, 2004,130(2):281-289.

[33] SACKS R, WHYTE J, SWISSA D, et al. Safety by design: Dialogues between designers and builders using virtual reality[J]. Construction Management and Economics, 2015,33(1):55-72.

[34] CHANTAWIT D, HADIKUSUMO B H W, CHAROENNGAM C, et al. 4DCAD-Safety: Visualizing project scheduling and safety planning[J]. Construction Innovation, 2005,5(2):99-144.

[35] CARTER G, SMITH S D. Safety hazard identification on construction projects[J]. Journal of Construction Engineering and Management, 2006,132(2):197-205.

[36] COOKE T, LINGARD H, BLISMAS N, et al. ToolSHeDTM: The development and evaluation of a decision support tool for health and safety in construction design[J]. Engineering, Construction and Architectural Management, 2008,15(4):336-351.

[37] BANSAL V K. Application of geographic information systems in construction safety planning[J]. International Journal of Project Management, 2011,29(1):66-77.

[38] BANSAL V K. Use of GIS and Topology in the identification and resolution of space conflicts[J]. Journal of Computing in Civil Engineering, 2011,25(2):159-171.

[39] LOVE P E D, EDWARDS D J, HAN S, et al. Design error reduction: Toward the effective utilization of building information modeling[J]. Research in Engineering Design, 2011,22(3):173-187.

[40] QI J, ISSA R R, OLBINA S, et al. Use of building information modeling in design to prevent construction worker falls[J]. Journal of Computing in Civil Engineering, 2014,28(5):A4014008.

[41] ZHANG S J, SULANKIVI K, KIVINIEMI M, et al. BIM-based fall hazard identification and prevention in construction safety planning[J]. Safety Science, 2015,72:31-45.

[42] ZHANG S J, TEIZER J, LEE J K, et al. Building information modeling (BIM) and safety: Automatic safety checking of construction models and schedules[J]. Automation in Construction, 2013,29:183-195.

[43] HOSSAIN M A, ABBOTT E L, CHUA D K, et al. Design-for-Safety knowledge library for BIM-integrated safety risk reviews[J]. Automation in Construction, 2018, 94:290-302.

[44] 于京秀."5+3"工程项目管理模式:建筑设计阶段的风险管理[D].天津:天津大学,2007.

[45] AKLADIOS M, MCMULLIN D, GOPALAKRISHNAN B, et al. Design for Worker Safety: An Expert Systems Approach[J]. Intelligent Systerms in Design and Manufacturing Ⅱ, 1999(3833):14-23.

[46] QI J, ISSA R, HINZE J, et al. Integration of safety in design through the use of building information modeling，[C]//International Workshop on Computing in Civil Engineering 2011, June 19-22, 2011, Miani, Florida, USA. USA：American Society of Civil Engineers, 2011：698-705.

[47] SULANKIVI K, MAKELA T, KIVINIEMI M. BIM-based site layout and safety planning[C]//Proceedings of W099-Special Track 18th CIB World Building Congress. Vol. 2010.

[48] MELZNER J, ZHANG S J, TEIZER J, et al. A case study on automated safety compliance checking to assist fall protection design and planning in building information models[J]. Construction Management and Economics，2013,31(6)：661-674.

[49] WANG J, ZHANG S J, TEIZER J. Geotechnical and safety protective equipment planning using range point cloud data and rule checking in building information modeling[J]. Automation in Construction，2015,49：250-261.

[50] 周志鹏,李启明,邓小鹏,等.险兆事件管理系统在地铁施工安全管理中的应用[J].解放军理工大学学报(自然科学版)，2009，10(6)：597-603.

[51] DING L Y, YU H L, LI H, et al. Safety risk identification system for metro construction on the basis of construction drawings[J]. Automation in Construction，2012,27：120-137.

[52] HEGER F J. Public-safety issues in collapse of L'Ambiance Plaza[J]. Journal of Performance of Constructed Facilities，1991,5(2)：92-112.

[53] BEHM M. Linking construction fatalities to the design for construction safety concept[J]. Safety Science, 2005,43(8)：589-611.

[54] GAMBATESE J A. Owner involvement in construction site safety [C]//Construction Congress Ⅵ. February 20-22, 2000, Orlando, Florida, USA. Reston, VA, USA：America Society of Civil Engineers, 2000：661-670.

[55] GAMBATESE J A, BEHM M, HINZE J W. Viability of designing for construction worker safety[J]. Journal of Construction and Engineering and Management，2005，131(9)：1029-1036.

[56] GOH Y M, CHUA S. Knowledge, attitude and practices for design for safety：A study on civil \\& structural engineers[J]. Accident Analysis & Prevention, 2016，93：260-266.

[57] TOH Y Z, GOH Y M, GUO B H. Knowledge, attitude, and practice of design for safety：multiple stakeholders in the Singapore construction industry[J]. Journal of Construction Engineering and Management，2017,143(5)：04016131.

[58] NIU Y, LU W, XUE F, et al. Towards the "third wave"：An SCO-enabled occupational health and safety management system for construction[J]. Safety Science, 2019,111：213-223.

[59] FANG D P, HUANG X Y, HINZE J. Benchmarking studies on construction safety

management in China[J]. Journal of Construction Engineering and Management, 2004,130(3):424-432.

[60] SAWACHA E, NAOUM S, FONG D. Factors affecting safety performance on construction sites[J]. International Journal of Project Management, 1999,17(5):309-315.

[61] YI K J, LANGFORD D. Scheduling-based risk estimation and safety planning for construction projects[J]. Journal of Construction Engineering and Management, 2006,132(6):626-635.

[62] 杨德钦. 基于工效学的施工危险源识别模型[J]. 建筑经济, 2006(9):37-39.

[63] 姚庆国, 黄渝祥. 从社会变革看我国事故频发的管理根源:价值缺陷导致的管理失灵分析[J]. 中国安全科学学报, 2005,15(6):40-49.

[64] 黄宏伟, 张雁. 地铁及地下工程建设风险管理指南[C]//同济大学校庆论坛:"工程风险管理与保险论坛"暨"中国土木工程学会院士论坛"资料汇编. 上海:同济大学出版社.

[65] BENTIL K K. Construction site safety: A matter of life and costs[J]. Cost Engineering, 1990,32(3):7.

[66] SCHMIDT J R. Quantifying the impact of construction accidents using predictive models [Z]. State University of New York at Buffalo, 1997.

[67] QUINTANA R, CAMET M, DELIWALA B. Application of a predictive safety model in a combustion testing environment[J]. Safety Science, 2001,38(3):183-209.

[68] 杨灿生, 黄国忠, 陈艾吉, 等. 基于灰色—马尔科夫链理论的建筑施工事故预测研究[J]. 中国安全科学学报, 2011,21(10):102-106.

[69] ZHOU Z P, GOH Y M, LI Q M. Overview and analysis of safety management studies in the construction industry[J]. Safety Science, 2015,72:337-350.

[70] ZHOU Z P, IRIZARRY J, LI Q M. Applying advanced technology to improve safety management in the construction industry: A literature review[J]. Construction Management and Economics, 2013,31(6):606-622.

[71] NAVON R, SACKS R. Assessing research issues in automated project performance control (APPC)[J]. Automation in Construction, 2007,16(4):474-484.

[72] MARTINEZ-AIRES M D, LOPEZ-ALONSO M, MARTINEZ-ROJAS M. Building information modeling and safety management: A systematic review[J]. Safety Science, 2018,101:11-18.

[73] SKIBNIEWSKI M J, ZAVADSKAS E K. Technology development in construction: A continuum from distant past into the future[J]. Journal of Civil Engineering and Management, 2013,19(1):136-147.

[74] WU W W, YANG H J, CHEW D A S, et al. Towards an autonomous real-time tracking system of near-miss accidents on construction sites[J]. Automation in Construction, 2010,19(2):134-141.

[75] BEROGGI G E G. Integrated safety planning for underground systems[J]. Journal of Hazardous Materials, 2000,71(1-3):17-34.

[76] CHUNG J D, KIM J G, BAE D S. Safety diagnosis of collided subway electric multiple units (EMUs)[M]//Key Engineering Materials. Stafa: Trans Tech Publications Ltd., 2005: 1876-1881.

[77] ANGELOUDIS P, FISK D. Large subway systems as complex networks[J]. Physica A: Statistical Mechanics and its Applications, 2006,367:553-558.

[78] 黄宏伟,叶永峰,胡群芳. 地铁运营安全风险管理现状分析[J]. 中国安全科学学报, 2008,18(7):55-62.

[79] 袁竞峰,李启明,贾若愚,等. 城市地铁网络系统运行脆弱性分析[J]. 中国安全科学学报, 2012,22(5):92-98.

[80] 赵惠祥,余世昌. 城市轨道交通系统的安全性与可靠性[J]. 城市轨道交通研究, 2006, 9(1):7-10.

[81] PIEVATOLO A, RUGGERI F, ARGIENTO R. Bayesian analysis and prediction of failures in underground trains[J]. Quality and Reliability Engineering International, 2003,19(4):327-336.

[82] SOONS C J, BOSCH J W, ARENDS G, et al. Framework of a quantitative risk analysis for the fire safety in metro systems[J]. Tunnelling and Underground Space Technology, 2006,21(3):281.

[83] 杨超,傅搏峰. 城市轨道交通车站客流安全检测与应急管理系统[J]. 城市轨道交通研究, 2008,11(2):43-45.

[84] 王志强,徐瑞华. 基于复杂网络的轨道交通路网可靠性仿真分析[J]. 系统仿真学报, 2009,21(20):6670-6674.

[85] 卢文刚. 城市地铁突发公共事件应急管理研究:基于复杂系统理论的视角[J]. 城市发展研究, 2011,18(4):119-124.

[86] 傅琼,赵宇. 非常规突发事件模糊情景演化分析与管理:一个建议性框架[J]. 软科学, 2013,27(5):130-135.

[87] KAMARA J M, AUGENBROE G, ANUMBA C J, et al. Knowledge management in the architecture, engineering and construction industry[J]. Construction Innovation, 2002,2(1):53-67.

[88] PATHIRAGE C P, AMARATUNGA D G, HAIGH R P. Tacit knowledge and organisational performance: construction industry perspective[J]. Journal of Knowledge Management, 2007,11(1):115-126.

[89] YU D K, YANG J. Knowledge management research in the construction industry: A review[J]. Journal of the Knowledge Economy, 2018,9(3):782-803.

[90] HARI S, EGBU C, KUMAR B. A knowledge capture awareness tool: An empirical study on small and medium enterprises in the construction industry[J]. Engineering, Construction and Architectural Management, 2005,12(6):533-567.

[91] BILAL M, OYEDELE L O, QADIR J, et al. Big Data in the construction industry: A review of present status, opportunities, and future trends[J]. Advanced Engineering Informatics, 2016,30(3):500-521.

[92] LEE K W, WU K L, KUO H P, et al. Design and validation of a knowledge map system—the case of construction industry in Taiwan[J]. Human Factors and Ergonomics in Manufacturing & Service Industries, 2017, 27(1):30-44.

[93] WOO J H, CLAYTON M J, JOHNSON R E, et al. Dynamic Knowledge Map: Reusing experts' tacit knowledge in the AEC industry[J]. Automation in Construction, 2004, 13(2):203-207.

[94] 李湘桔, 尹贻林. 基于知识管理的建筑设计项目管理模式再造[J]. 社会科学辑刊, 2009(5):104-108.

[95] LI X, WU P, SHEN G Q, et al. Mapping the knowledge domains of Building Information Modeling (BIM): A bibliometric approach[J]. Automation in Construction, 2017, 84:195-206.

[96] WU W, MAYO G, MCCUEN T L, et al. Building information modeling body of knowledge. I: Background, framework, and initial development[J]. Journal of Construction Engineering and Management, 2018, 144(8):04018065.

[97] REZAHOSEINI A, NOORI S, GHANNADPOUR S F, et al. Investigating the effects of building information modeling capabilities on knowledge management areas in the construction industry[J]. Journal of Project Management, 2019, 4(1):1-18.

[98] ZHOU Z P, LI Q M, WU W W. Developing a versatile subway construction incident database for safety management[J]. Journal of Construction Engineering and Management, 2012, 138(10):1169-1180.

[99] 李解. 城市轨道交通施工安全风险管理知识支持机制及方法研究[D]. 徐州:中国矿业大学, 2018.

[100] DONG C, WANG F, LI H, et al. Knowledge dynamics-integrated map as a blueprint for system development: Applications to safety risk management in Wuhan metro project[J]. Automation in Construction, 2018, 93:112-122.

[101] DING L Y, ZHONG B T, WU S, et al. Construction risk knowledge management in BIM using ontology and semantic web technology[J]. Safety Science, 2016, 87:202-213.

[102] LU Y, LI Q M, ZHOU Z P, et al. Ontology-based knowledge modeling for automated construction safety checking[J]. Safety Science, 2015, 79:11-18.

[103] ZHANG S J, BOUKAMP F, TEIZER J. Ontology-based semantic modeling of construction safety knowledge: Towards automated safety planning for job hazard analysis (JHA)[J]. Automation in Construction, 2015, 52:29-41.

[104] 中华人民共和国住房和城乡建设部. 地铁设计规范:GB 50157—2013[S]. 北京:中国建筑工业出版社, 2014.

[105] INTERNATIONAL O F S. ISO 31000: Risk Management-Guidelines[S]. ISO, 2018.

[106] 夏侯遐迩, 岳一博, 陆莹, 等. 面向安全的设计研究综述[J]. 工程管理学报, 2016(4):7-12.

[107] GIBB A G. Safety in design: A European/UK view: Power through Partnerships 12th Annual Construction Safety & Health Conf[C]. [S. l.]: [s. n.], 2002.

[108] GAMBATESE J A, BEHM M, RAJENDRAN S. Design's role in construction accident causality and prevention: Perspectives from an expert panel[J]. Safety Science, 2008,46(4):675-691.

[109] HEINRICH H W, PETERSEN D C, ROOS N R, et al. Industrial accident prevention: A safety management approach [M]. New York: McGraw-Hill Companies, 1980.

[110] BIRD F E. Management guide to loss control[M]. Atlanta: National Occupational Satety Association, 1974.

[111] ADAMS E. Accident causation and the management system[J]. Professional Safety, 1976,21(10):26-29.

[112] 夏柠萍,杨高升. 建筑施工特种作业安全影响因素辨识[J]. 土木工程与管理学报, 2016,33(6):125-129.

[113] ABDELHAMID T S, EVERETT J G. Identifying root causes of construction accidents[J]. Journal of Construction Engineering and Management, 2000,126(1): 52-60.

[114] HADDON W. The prevention of accidents[M]. Ottawa: Traffic Injury Research Foundation of Canada, 1966.

[115] GIBSON J J. The contribution of experimental psychology to the formulation of the problem of safety-a brief for basic research[J]. Behavioral Approaches to Accident Research, 1961,1(61):77-89.

[116] REASON J. Human error[M]. Cambridge: Cambridge University Press, 1990.

[117] GORDON J E. The epidemiology of accidents[J]. American Journal of Public Health and the Nations Health, 1949,39(4):504-515.

[118] FARMER E, CHAMBERS E G. A study of personal qualities in accident proneness and proficiency[R]. Industrial Health Research Board Report Medical Rearch Council, 1929(55).

[119] HASLAM R A, HIDE S A, GIBB A G F, et al. Contributing factors in construction accidents[J]. Applied Ergonomics, 2005,36(4):401-415.

[120] 樊运晓,卢明,李智,等. 基于危险属性的事故致因理论综述[J]. 中国安全科学学报, 2014,24(11):139-145.

[121] HAMMER W. Handbook of system and product safety[M]. New Jersey: Prentice-Hall, 1972.

[122] 陈宝智. 安全原理[M]. 北京:冶金工业出版社,1995.

[123] 田水承,李红霞,王莉. 3类危险源与煤矿事故防治[J]. 煤炭学报,2006,31(6):706-710.

[124] 张跃兵,王凯,王志亮. 危险源理论研究及在事故预防中的应用[J]. 中国安全科学学报, 2011,21(6):10-16.

[125] 陈全. 事故致因因素和危险源理论分析[J]. 中国安全科学学报, 2009, 19(10): 67-71.

[126] LINGARD H C, COOKE T, BLISMAS N. Designing for construction workers' occupational health and safety: A case study of socio-material complexity[J]. Construction Management and Economics, 2012, 30(5): 367-382.

[127] 王奕, 刘保国, 亓轶. 基于 WBS-RBS 与故障树耦合的地铁施工风险与评价[J]. 地下空间与工程学报, 2015, 11(S2): 772-779.

[128] 刘慧霞. 建筑工程项目风险评估与施工安全成本分析[D]. 上海: 同济大学, 2006.

[129] 赵冬安. 基于故障树法的地铁施工安全风险分析[D]. 武汉: 华中科技大学, 2011.

[130] 董留群. 基于故障树分析法的建筑施工安全管理研究[J]. 工程管理学报, 2017, 31(2): 131-135.

[131] 谭章禄, 吕明, 刘浩, 等. 城市地下空间安全管理信息化体系及系统实现[J]. 地下空间与工程学报, 2015, 11(4): 819-825.

[132] 骆汉宾, 张静. 基于知识库的建筑工程施工质量控制点设置[J]. 施工技术, 2006, 35(5): 8-10.

[133] 许长青, 杨平. 建筑工程施工监理质量控制专家系统[J]. 南京林业大学学报(自然科学版), 2004, 28(3): 59-62.

[134] 余宏亮, 丁烈云, 余明晖. 地铁工程施工安全风险识别规则[J]. 土木工程与管理学报, 2011, 28(2): 77-81.

[135] LU Y, LI Q M, XIAO W J. Case-based reasoning for automated safety risk analysis on subway operation: Case representation and retrieval[J]. Safety Science, 2013, 57: 75-81.

[136] FANG Q, LI H, LUO X C, et al. Computer vision aided inspection on falling prevention measures for steeplejacks in an aerial environment[J]. Automation in Construction, 2018, 93: 148-164.

[137] DING L Y, ZHOU C, DENG Q X, et al. Real-time safety early warning system for cross passage construction in Yangtze Riverbed Metro Tunnel based on the internet of things[J]. Automation in Construction, 2013, 36: 25-37.

[138] SKIBNIEWSKI M J. Information technology applications in construction safety assurance[J]. Journal of Civil Engineering and Management, 2014, 20(6): 778-794.

[139] DING L Y, YU H L, LI H, et al. Safety risk identification system for metro construction on the basis of construction drawings[J]. Automation in Construction, 2012, 27: 120-137.

[140] LI M, YU H L, LIU P. An automated safety risk recognition mechanism for underground construction at the pre-construction stage based on BIM[J]. Automation in Construction, 2018, 91: 284-292.

[141] INTERNATIONAL T A. Guidelines for tunneling risk management[J]. Tunneling and Underground Space Technology, 2004, 19: 617-643.

[142] 中华人民共和国住房和城乡建设部. 城市轨道交通地下工程建设风险管理规范:GB 50652—2011[S]. 北京:中国建筑工业出版社,2011.

[143] SAATY T L. Decision Making for leaders:The analytical hierarchy process for decisions in a complex work[M]. California:Lifetime Learning Publications,1981.

[144] 贾水库,温晓虎,林大建,等. 基于层次分析法地铁运营系统安全评价技术的研究[J]. 中国安全科学学报,2008,18(5):137-141.

[145] 中华人民共和国住房和城乡建设部. 地铁工程施工安全评价标准:GB 50715—2011[S]. 北京:中国计划出版社,2012.

[146] XIAHOU X E, TANG Y C, YUAN J F, et al. Evaluating social performance of construction projects:An empirical study[J]. Sustainability,2018,10(7):1-16.

[147] ZENG J H, AN M, SMITH N J. Application of a fuzzy based decision making methodology to construction project risk assessment[J]. International Journal of Project Management,2007,25(6):589-600.

[148] 王莲芬. 网络分析法(ANP)的理论与算法[J]. 系统工程理论与实践,2001,21(3):44-50.

[149] SAATY T L. The ANP for decision making with dependence and feedback[Z]. USA:RWS Publications,1996.

[150] Medsker L R. Expert Systems and Neural Networks[M/OL]. Hybrid Intelligent Systems,1995:39-56[2020-12-01]. https://link springer.com/chapter/10.1007%2F978-1-4615-2353-6-3.

[151] 孙宏才,田平,王莲芬. 网络层次分析法与决策科学[M]. 北京:国防工业出版社,2011.

[152] 韩利,梅强,陆玉梅,等. AHP-模糊综合评价方法的分析与研究[J]. 中国安全科学学报,2004,14(7):86-89.

[153] 苏永强,单仁亮,郭章林. 建筑工程设计安全的多层次模糊综合评价[J]. 北京工业大学学报,2008,34(9):961-964.

[154] 李永辉. 建筑工程项目设计安全评价研究[D]. 天津:天津财经大学,2011.

[155] 夏征农,陈至立. 辞海[M]. 上海:上海辞书出版社,2009.

[156] 喻文承. 城乡规划知识管理与协同工作方法研究[D]. 北京:清华大学,2012.

[157] ALAVI MARYAM, LEIDNER DOROTHY E,郑文全. 知识管理和知识管理系统:概念基础和研究课题[J]. 管理世界,2012(5):157-169.

[158] 竹内弘高,野中郁次郎. 知识创造的螺旋:知识管理理论与案例研究[M]. 李萌,译. 北京:知识产权出版社,2006.

[159] EARL M. Knowledge management strategies:Toward a taxonomy[J]. Journal of Management Information Systems,2001,18(1):215-233.

[160] GOLDBLATT D. Knowledge and the social sciences:Theory, method, practice[M]. New York:Routledge,2004.

[161] 师忠凯,华薇娜. 国外知识管理方向学位论文定量分析[J]. 新世纪图书馆,2004(4):14-17.

[162] 喻登科,周荣. 建筑行业的知识管理:研究现状与合作网络[J]. 工程管理学报,2016(1):18-25.

[163] WEBB S P. Knowledge management: Linchpin of change[M]. New York: Routledge,2017.

[164] EARL M J. Knowledge as strategy: reflections on Skandia International and Shorko Films[M]//Knowledge in Organisations. Amsterdam: Elsevier,1997:1-15.

[165] CHAUVEL D,DESPRES C. A review of survey research in knowledge management:1997-2001[J]. Journal of Knowledge Management,2002,6(3):207-223.

[166] 袁曦临. 知识管理[M]. 南京:东南大学出版社,2009.

[167] ARRIAGADA D R E,ALARCÓN C L F. Knowledge management and maturation model in construction companies[J]. Journal of Construction Engineering and Management,2014,140(4):B4013006.

[168] EL-DIRABY T E,KASHIF K F. Distributed ontology architecture for knowledge management in highway construction[J]. Journal of Construction Engineering and Management,2005,131(5):591-603.

[169] EGBU C O,ROBINSON H S. Construction as a knowledge-based industry[M]//Knowledge Management in Construction. Oxford,UK: Blackwell Publishing Ltd,2008:31-49.

[170] 裘建国,李启明. 建筑企业的知识管理[J]. 建筑管理现代化,2005(1):43-45.

[171] CARRILLO P,CHINOWSKY P. Exploiting knowledge management: The engineering and construction perspective[J]. Journal of Management in Engineering,2006,22(1):2-10.

[172] REZGUI Y,HOPFE C J,VORAKULPIPAT C. Generations of knowledge management in the architecture,engineering and construction industry: An evolutionary perspective[J]. Advanced Engineering Informatics,2010,24(2):219-228.

[173] 李湘桔. 基于知识管理的建筑设计企业项目管理研究[D]. 天津:天津大学,2009.

[174] GRUBER T R. Ontolingua: A mechanism to support portable ontologies[Z]. Stanford University,Knowledge Systems Laboratory Stanford,1992.

[175] 李善平,尹奇韡,胡玉杰,等. 本体论研究综述[J]. 计算机研究与发展,2004,41(7):1041-1052.

[176] USCHOLD M,GRUNINGER M. Ontologies: Principles,methods and applications[J]. The Knowledge Engineering Review,1996,11(2):93-136.

[177] NECHES R,FIKES R E,FININ T,et al. Enabling technology for knowledge sharing[J]. AI Magazine,1991,12(3):36.

[178] SOWA J F. Conceptual structures: Information processing in mind and machine[M]. Massachusetts,USA: Addison-Wesley Longman Publishing Co. Inc.,1984.

[179] GENESERETH M R,NILSSON N J. Logical foundations of artificial[M]. Chicago: Intelligence Morgan Kaufmann,1987.

[180] 杜小勇,李曼,王珊. 本体学习研究综述[J]. 软件学报,2006,17(9):1837-1847.

[181] 姜颖,黄国彬. 国外近两年有关本体研究的进展综述[J]. 图书馆学研究,2011(14):10-15.

[182] 焦海霞. 基于本体的地铁施工安全风险知识库构建与应用[D]. 南京:东南大学,2015.

[183] 张仕廉,潘承仕. 建设项目设计阶段安全设计与施工安全研究[J]. 建筑经济,2006(1):77-80.

[184] 北京交通大学. 地铁工程勘察设计质量安全管理与技术[M]. 北京:中国建筑工业出版社,2012.

[185] 周卫平. 浅析地铁设计各阶段的要点[J]. 技术与市场,2013(7):62.

[186] 住房和城乡建设部. 城市轨道交通工程设计文件编制深度规定[M]. 北京:中国建筑工业出版社,2014.

[187] AZHAR S, CARLTON W A, OLSEN D, et al. Building information modeling for sustainable design and LEED © rating analysis[J]. Automation in Construction, 2011,20(2):217-224.

[188] 黄澄铠. 建筑设计院的设计管理[D]. 广州:华南理工大学,2014.

[189] 鞠传静. 中国建筑安全管理法律体系研究[D]. 重庆:重庆大学,2010.

[190] 全国人民代表大会常务委员会. 中华人民共和国建筑法(最新修正版)[M]. 北京:法律出版社,2011.

[191] 中华人民共和国建设部. 建筑施工组织设计规范:GB/T 50502—2009[S]. 北京:中国建筑工业出版社,2009.

[192] 刘志刚. 法律规范冲突解决规则间的冲突及解决[J]. 政法论丛,2015(4):92-99.

[193] 李全生. 完善我国安全生产法律法规体系的思考[J]. 煤矿安全,2003,34(8):1-5.

[194] ZHOU Z, LI Q, WU W, et al. Investigation on the Structure of OSHA Database and Critical Safety Hazards on Construction Sites[C]//Proceeding of 2008 International Conference on Construction & Real Estate Managment. [S. l.]:[s. n.], 2008:218-222.

[195] WAN X, LI Q M, YUAN J F, et al. Metro passenger behaviors and their relations to metro incident involvement[J]. Accident Analysis & Prevention, 2015,82:90-100.

[196] 邓小鹏,李启明,周志鹏. 地铁施工安全事故规律性的统计分析[J]. 统计与决策,2010(9):87-89.

[197] 冯力. 建设施工安全与安全设计的关系研究[D]. 重庆:重庆大学,2007.

[198] WU W W, GIBB A G F, LI Q M. Accident precursors and near misses on construction sites: An investigative tool to derive information from accident databases[J]. Safety Science, 2010,48(7):845-858.

[199] 周志鹏. 城市地铁施工安全风险实时预警方法及应用研究[D]. 南京:东南大学,2013.

[200] 万欣. 基于乘客行为的地铁车站运行脆弱性分析与评估研究[D]. 南京:东南大学,2016.

[201] 邓勇亮.城市地铁网络系统物理脆弱性的评价及控制研究[D].南京:东南大学,2016.

[202] SABIDUSSI G. The centrality index of a graph[J]. Psychometrika, 1966, 31(4):581-603.

[203] FREEMAN L C. A set of measures of centrality based on betweenness[J]. Sociometry, 1977, 40(1):35-41.

[204] 李光,寇应展,杨妆,等.基于案例推理的知识库系统设计[J].科学技术与工程,2006,6(8):1085-1086.

[205] 刘博.CBR-RBR模式在地铁施工安全事故案例库中的应用[D].武汉:华中科技大学,2011.

[206] TSERNG H P, YIN S Y L, DZENG R J, et al. A study of ontology-based risk management framework of construction projects through project life cycle[J]. Automation in Construction, 2009, 18(7):994-1008.

[207] ZOU Y, KIVINIEMI A, JONES S W. Retrieving similar cases for construction project risk management using Natural Language Processing techniques[J]. Automation in Construction, 2017, 80:66-76.

[208] 陆莹,李启明,高原.基于案例推理的地铁运营安全事故案例库构建[J].东南大学学报(自然科学版),2015,45(5):990-995.

[209] GRUBER T R. Toward principles for the design of ontologies used for knowledge sharing?[J]. International Journal of Human-computer Studies, 1995, 43(5-6):907-928.

[210] HORROCKS, IAN, PATEL-SCHNEIDER, et al. SWRL: A semantic web rule language combining OWL and RuleML[EB/OL].[2018-04-30]. https://www.w3.org/Submission/SWRL/.

[211] WILLIAM MCCONNELL C, GLOECKNER G, GILLEY J. Predictors of work injuries: A quantitative exploration of level of English proficiency as a predictor of work injuries in the construction industry[J]. International Journal of Construction Education and Research, 2006, 2(1):3-28.

[212] 郑昌兴,刘喜文.基于规则推理和案例推理的应用模型构建研究:以地震类突发事件为例[J].情报理论与实践,2016,39(2):108-112.

[213] LAGUN E. Evaluation and implementation of match algorithms for rule-based multi-agent systems using the example of jadex[D]. Hamburg: University of Hamburg, 2009.

[214] SOTTARA D, MELLO P, PROCTOR M. A configurable rete-oo engine for reasoning with different types of imperfect information[J]. IEEE Transactions on Knowledge and Data Engineering, 2010, 22(11):1535-1548.

[215] LOONEY C G. Fuzzy Petri nets for rule-based decisionmaking[J]. IEEE Transactions on Systems, Man, and Cybernetics, 1988, 18(1):178-183.

[216] 杨蓉.基于模糊Petri网的规则推理优化算法[J].计算机与信息技术,2008(5):22-24.

[217] 张博锋,吴耿锋.模糊规则的表示方法研究[J].上海大学学报(英文版),2001,4(S1):108-113.

[218] 王君,潘星,李静,等.基于案例推理的知识管理咨询系统[J].清华大学学报(自然科学版),2006,46(S1):990-995.

[219] 虞娟,倪志伟,罗琴.集成范例推理及其在疾病诊断系统中的应用[J].计算机工程,2008,34(7):209-211.

[220] 侯玉梅,许成媛.基于案例推理法研究综述[J].燕山大学学报(哲学社会科学版),2011,12(4):102-108.

[221] GOH Y M, CHUA D K H. Case-based reasoning for construction hazard identification: Case representation and retrieval[J]. Journal of Construction Engineering and Management, 2009, 135(11):1181-1189.

[222] YANG L, LI Q M. The research review of the impact of design to construction safety[J]. Frontiers of Engineering Management, 2015, 2(3):224-227.

[223] 屠建飞.SQL Server 2012 数据库管理[M].北京:清华大学出版社,2016.

[224] 廖诚.基于.NET框架的医院信息化管理系统设计与实现[D].长沙:湖南大学,2017.

[225] 高原.面向设计的地铁工程安全风险识别及应用研究[D].南京:东南大学,2017.

[226] 何清华,钱丽丽,段运峰,等.BIM在国内外应用的现状及障碍研究[J].工程管理学报,2012,26(1):12-16.

[227] 何关培,李刚.那个叫BIM的东西究竟是什么[M].北京:中国建筑工业出版社,2011.

[228] 赖华辉,邓雪原,刘西拉.基于IFC标准的BIM数据共享与交换[J].土木工程学报,2018(4):121-128.

[229] SHI X, LIU Y S, GAO G, et al. IFCdiff: A content-based automatic comparison approach for IFC files[J]. Automation in Construction, 2018, 86:53-68.

[230] LAI H H, DENG X Y. Interoperability analysis of IFC-based data exchange between heterogeneous BIM software[J]. Journal of Civil Engineering and Management, 2018, 24(7):537-555.

[231] XIAER X, DIB H, YUAN J F, et al. Design for Safety (DFS) and building information Modeling (BIM): A Review[C]//International Conference on Construction and Real Estate Management 2016. September 29-October 1, 2016, Edmonton, Canada. Reston, VA, OSA: American Society of Civil Engineers, 2016:69-80.

[232] QI J, ISSA R R A, OLBINA S, et al. Use of building information modeling in design to prevent construction worker falls[J]. Journal of Computing in Civil Engineering, 2014, 28(5):A4014008.

[233] 夏侯遐迩,李启明,岳一搏,等.推进建筑产业现代化的思考与对策:以江苏省为例[J].建筑经济,2016(2):18-22.

[234] AUTODESK ASIA PTE LTD. Autodesk Revit 二次开发基础教程[M].上海:同济大学出版社,2015.

[235] 曾雯琳. 基于安全设计的建筑施工安全事故预控研究[D]. 南京：东南大学，2015.

[236] 中南建筑设计院. 建筑工程设计文件编制深度规定[M]. 北京：中国计划出版社，2009.

[237] CASANOVAS M D M, ARMENGOU J, RAMOS G. Occupational risk index for assessment of risk in construction work by activity[J]. Journal of Construction Engineering and Management，2014，140(1)：4013035.

[238] Strogatz S H. Exploring complex networks[J]. Nature, 2001,410(6825):268-276.

[239] 刘志强. 因果关系，贝叶斯网络与认知图[J]. 自动化学报，2001，27(4)：552-566.

[240] TOLMAN E C. Cognitive maps in rats and men[J]. Psychological Review, 1948,55(4):189-208.

[241] AXELROD R. Structure of decision：The cognitive maps of political elites[M]. New Jersey：Princeton University Press，2015.

[242] KOSKO B. Fuzzy cognitive maps[J]. International Journal of Man-machine Studies, 1986,24(1):65-75.

[243] KOSKO B, TOMS M. Fuzzy thinking：The new science of fuzzy logic[M]. New York：Hyperion，1993.

[244] WELLMAN M P. Fundamental concepts of qualitative probabilistic networks[J]. Artificial Intelligence,1990,44(3):257-303.

[245] HAGIWARA M. Extended fuzzy cognitive maps[C]//1992 Proceedings IEEE International Conference on Fuzzy Systems. San Diego, CA, USA.[S. l.][IEEE], 1992.

[246] OBATA T, HAGIWARA M. Neural cognitive maps (NCMs)[J]. IEEJ Transactions on Electronics Infornation and Systems, 1998, 118(6): 882-888.

[247] 彭珍. 模糊认知图及其构建方法[M]. 北京：北京理工大学出版社，2017.

[248] ZHANG L M, CHETTUPUZHA A J A, CHEN H Y, et al. Fuzzy cognitive maps enabled root cause analysis in complex projects[J]. Applied Soft Computing, 2017, 57:235-249.

[249] GAO Y Y, FENG Z Y, RAO G Z. A cognitive map-based decision support model for Web resource management, 2004[C]//Canadian Conference on Electrical and Computer Engineering 2004. May 2-5,2004.[S. l.]：[s. n.],2004:141-144.

[250] TANG P B, ZHANG C, YILMAZ A, et al. Automatic imagery data analysis for diagnosing human factors in the outage of a nuclear plant, 2016[M]//Digital Human Modeling：Applications in Health, Safty, Ergonomics and Risk Management. Cham：Springer International Publishing, 2016: 604-615.

[251] SUN X L, CHONG H Y, LIAO P C, et al. A system dynamics model of prevention through design towards eliminating human error[J]. KSCE Journal of Civil Engineering, 2019,23(5):1923-1938.

[252] HALLOWELL M R, GAMBATESE J A. Activity-based safety risk quantification for concrete formwork construction[J]. Journal of Construction Engineering and Management，2009，135(10)：990-998.

[253] DHARMAPALAN V, GAMBATESE J A, FRADELLA J, et al. Quantification and assessment of safety risk in the design of multistory buildings[J]. Journal of Construction Engineering and Management, 2015, 141(4): 04014090.

[254] HALLOWELL M R, GAMBATESE J A. Qualitative research: Application of the Delphi method to CEM research[J]. Journal of Construction Engineering and Management, 2010, 136(1): 99-107.

[255] ZADEH L A. Fuzzy sets[J]. Information and Control, 1965, 8(3): 338-353.

[256] 陆莹. 地铁项目运营安全风险预测方法及应用研究[D]. 南京: 东南大学, 2011.

[257] DENG Y L, LI Q M, LU Y. A research on subway physical vulnerability based on network theory and FMECA[J]. Safety Science, 2015, 80: 127-134.

[258] 翟东升, 张娟. 模糊认知图在上市公司信用风险评价中的应用[J]. 统计与决策, 2008(2): 161-163.